# 練習更快樂

## 哈佛教授教你活出美好人生的七堂課

# The Science of Happiness

## Seven Lessons for Living Well

布魯斯・胡德◎著
Bruce Hood

鍾榕芳◎譯

本書獻給這幾年我有幸合作、
使我受益良多的所有學生與同仁。

# 自序
# 一門沒學分的課，卻讓大家更快樂？

你有沒有注意到，孩子過得多快樂？水坑、塵土、雪花、樹枝，即使是最簡單的小事都能討他們歡心。在我的辦公室後方，是小學的遊樂場，每到下課時間，總是傳來孩子玩耍的嬉鬧聲。但現在，我們的快樂都跑到哪裡去了？一開始，我們都是「快樂」的孩子，但許多人最後長成「不快樂」的大人，對生活不甚滿意。即使順風順水，真實長久的快樂也感覺遙不可及。為什麼會這樣？有沒有什麼改變的方法？

我是發展心理學家，研究兒童心理已有四十年了。我們從完全依賴他人生存的無助嬰兒，成長為能夠蓋出梵蒂岡西斯汀禮拜堂（The Sistine Chapel）、寫出交響曲、建造太空船、發動戰爭的大人，這段過程令我非常著迷。我終生投入研究與教學工作，啟發學生成為下一代科學家，這在我職涯大多數時光給了我很大的滿足感。但大約六年前開始，我注意到新進的一批批學生愈來愈不快樂，他們對自己的學業表現也愈來愈焦慮，而且因為過度擔心成績，想知道在各種考試中得高分的方法，反而對課堂上美妙的研究發現不那麼感興趣了，只在意怎麼衝高成績。我的教學熱忱，也被這種只重成效、目標導向且讓愈來愈多人不快樂的評分方法打敗了。當然，學生們追求學業成績的野心令人欽佩，但這不該以快樂做為代價。此外，心理健康問題並不只發生在我的學生身上，更籠罩著整個高等教育圈。升上大學很辛苦，我會知道是因為我三十年前所做的第一篇有關快樂的研究，裡面就有提到這點，但現在情況變得更糟了[1]。學生正深受心理問題困擾，而我得做點什麼。

在我的學科裡，有一個領域叫做「正向心理學」（positive psychology），該領域研究的是，如何透過簡單的儀式與活動來提升心理健康，但我對此心存懷疑。我聽說「冥想」很有用，但冥想來自東方宗教，而非經研究證實的科學。大眾媒體上有無數文章探討怎麼過得快樂又成功，而這些在我來看都只治標不治本。怎麼可能那麼輕鬆就變快樂？尤其機場書店充滿著許多資歷存疑的「專家」寫的自助書籍。所以，即使正向心理學的效果全都聽起來誇大且空洞，我仍願意再給它一次機會。

剛好，我發現耶魯大學（Yale University）資深心理學家和寄宿學院主任勞麗・桑托斯（Laurie Santos）當時開了一門在耶魯大受歡迎的心理健康課，叫做「心理學與美好人生」（Psychology and Good Life）。她是我之前在哈佛的學生，而總是慷慨無私的她，將她的筆記分享給了我。我把這些筆記加上自己的見解，放進二〇一八年布里斯托大學（University of Bristol）試開的「快樂的科學」

（The Science of Happiness）課程裡。一開始，我不確定是否有人願意來上課。結果開課第一天，教職員和學生加起來有超過五百人到場。更驚人的是，這門試開且非正式授予學分的課程，只是每週午餐時間開放給所有人的講座課程而已。

我的這門課是以「科學的方法」探討幸福與快樂，因此我在課堂中討論了人類行為背後的大腦運作機制，而我的研究主題（兒童發展、自我、神經科學）則是課程重點。我對資料和科學證據的力量深具熱忱，想透過課程與學員（包含學生與教職員）分享，所以我還加入了統計資料與實驗設計，來說明為什麼科學是發掘世間真相的最佳方法。我與許多正向心理學的擁護者不一樣，我對課堂中提到的道理十分謹慎，堅決不過度誇大成效。我下定決心要以最嚴謹的方式探索快樂的科學，所以參與課程的人在上課前後都要做心理測驗，藉此評估我在課堂上建議活動是否讓他們更快樂。我告訴他們，他們就是自己實驗的受試者，而這場實驗的結果將會決定這門課的未來；我也承諾，如果這門課的建議無效，我就會放棄這門課，回到原本的研究領域。

課程結束，學員佳評如潮，覺得這門課既好玩又有趣，也很開心有機會可以聽課；有些學員覺得這堂課帶給他們「天翻地覆的改變」。但數據是怎麼說的呢？我記得我在統計分析時稍微瞄了一下心理測驗的分數，結果令我目瞪口呆：整體來說，在我提供的幸福感測量中，從課程開始前到十週後課程結束，正面分數成長了百分之十到十五，也就是統計學所說的非常顯著。這聽起來也許不像是徹底進化成永恆的幸福快樂，但只是這麼短的時間就能帶來這麼大的改變，這個現象獨具意義。我的觀念從此轉變，我發現了，你可以透過科學和教育讓人更快樂，而讓你變得更快樂就是這本書的目標。

前言

# 變好的練習，平衡思考中心

身為科學家，我一直都想找出「為什麼？」背後的答案。為什麼有些人不快樂？為什麼快樂如此脆弱？為什麼正向心理學的介入會有效？我覺得答案應該可以在童年找到。

大多數家庭中，孩子是眾人目光焦點。他們還沒有經歷人際關係的競爭，也還沒有體會到被他人評價和審視的強烈感受，而這些在進入青春期後將成為日常。大多數孩子都沉浸在以自我為中心的世界中，整日快樂的活在當下，鮮少對過去懷有遺憾，也對未來不抱擔憂。

然而，當孩子慢慢長大，進入學校考試、人際關係、社群媒體、工作職涯的競技場，就會開始意識到自己不再是目光焦點，他們必須學會與他人相處，而這些人也跟他們一樣正在爭取地位與認可。當雙方無法理解彼此的觀點，往往衝突就會發生。我們渴望獲得地位，想受他人喜愛，但這也會造成衝突，要贏又要團隊合作並不容易。以自我中心主義者的觀點來看，若要成為最受歡迎的人，其他人勢必沒那麼有人氣；若要成為最受到喜愛的人，其他人就勢必沒那麼受人喜愛；若想成為最成功的人，勢必也會有其他人遭遇失敗。為了與他人好好相處，讓自己為社會接受，我們需要學會理解他人的想法，並據此調整自己的行動，但這需要一定的練習與技巧。這些能力會在孩子成長過程中逐漸發展。

比起小時候，成年後的我們累積更多煩惱與憂慮。因此，當我們困在自己的自我中心宇宙時（這很常發生），就會很容易把重心轉移到自己的困擾上，把問題無限放大。請想像一個關係圖，包含我們的自我、他人、我們的問題、與他人想法的交流等關係（見圖0.1）。

我們處於自我中心的狀態時，我們將自己視為宇宙的核心，人際關係對我們而言是單向的。我們會對他人產生影響，但他人對我們產生影響的力度不大，因為我們不會將他人的觀點納入思考。與自我中心的孩子不同的是，自我中心的大人對當下以及未來可能發生的問題十分敏感。我們會把自己的問題放大，也無法理解別人也有自己的困難，即使知道他人也面臨問題，我們仍認為自己的問題更為重要。對我們來說，我們自己所經歷的困難才是最值得關注的。

圖 0.1

過度自我中心者的社會網絡關係圖

然而，我們可以選擇另一種看待世界的方式，這種方式可以讓我們更加快樂，也就是「他人中心」（allocentric view）。他人中心觀點能理解他人的立場，並認識到社交網絡的相互連結（見圖0.2）。

我們的自我縮小了，變得與他人的大小差不多，人際關係將更對等。我們會開始意識到他人有他人的問題，且這些問題對他人的影響程度，可能比我們的問題影響自己的程度更大。透過這樣的觀點，讓我們能換個角度看事情，進而減輕我們自身的煩惱。就如俗話所說：「與人分擔，憂愁減半。」當

圖 0.2

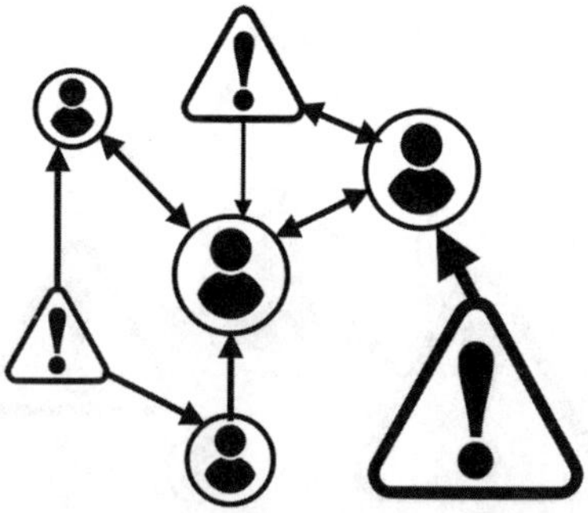

他人中心者的社會網絡關係圖

我們「更以他人為中心」來思考和行為時，我們就能從他人的支持中得益，甚至在關注他人的過程中發現意想不到的快樂。

大部分的成人都能在需要的時候，跳脫自我、採取他人中心的視角，畢竟學著換位思考正是成長過程很重要的一環。不過，若要以這種方式自然而然的思考，則有一定的難度。我們很少意識到他人所面臨的困境，除非這個人與我們關係密切，或他們的困境被特別凸顯，因為我們深陷在自己的世界觀裡。當我們太以自我為中心時，即使我們已經聽聞到他人的困境，仍有可能把自己的問題看得比他人更重要。

正如希臘斯多葛主義哲學家愛比克泰德（Epictetus）所言：「重點不在於發生何事，而是你回應事情的方式。」也就是說，在生活中遇到一樣的負面事件時，有的人可能很快就能釋懷，有的人則會反覆思索、耿耿於懷好幾天。為什麼會這樣？是什麼能讓人以「杯子半滿」的樂觀角度看待事情，而有的人卻會以

「杯子半空」的悲觀視之？為什麼有些人就是比其他人更快樂？這是天生，還是後天造成的？

無庸置疑，快樂的孩子會成長為快樂的大人，而孩子會快樂的部分原因，來自於父母基因的遺傳。科學家透過比較（研究基因完全相同的）同卵雙胞胎和只（有一半基因相同的）異卵雙胞胎，就可以知道其快樂的分數有多少是歸因於基因，又有多少是受環境影響。這種分析方法稱為「遺傳性」（heritability，編按：又稱遺傳力、遺傳率、遺傳度，是育種學和遺傳學使用的一種統計量）。在比較幸福感的測量結果時，不管是相似或相異，基因的影響平均都不超過百分之四十到五十[1]，跟智力的遺傳性相差不遠[2]。我們每個人都會從父母身上遺傳到一些基因，好壞都有，但並不是全部。快樂就跟其他的人格面向一樣，無法完全以生物學解釋。

英國國家統計局（Office for National Statistics，ONS）訪問了十到十五歲

的青少年，什麼會讓他們感到快樂[3]。結果顯示，讓孩子感到快樂的不是遊戲機、社群媒體追蹤人數、金錢、放假、或學業成績，而是：「感覺被愛，擁有正向支持性的人際關係（尤其是和朋友與家人），像是有人可以傾訴和依賴。」這個研究發現非常重要，因為在另一項調查一九七〇年代出生的一萬七千多位成人的研究中，這些受訪者也被詢問類似的問題：「你對自己現在生活的滿意程度為何？」[4]結果發現，影響四十二歲成人生活滿意度的最大指標，是他們孩童時期心理健康的適應能力。我們在兒童時期的社交互動狀況，是成年後與人互動模式的根基，而這會影響到我們的快樂程度。當我們與他人建立良好連結，就能學到如何面對生活的挫折與挑戰。生活環境中有很多因素都會影響到幸福感，如薪資、婚姻或伴侶，但在這麼多物質因素中，最能預測我們成年後幸福感的指標，卻是孩童時期的社交狀況。

這表示，如果我們的童年不開心，成年後就不可能快樂了嗎？不一定。我的童年並不快樂。我成長於一個四處漂泊的家庭，因為我父親嗜酒成性、性格暴躁且鬱鬱寡歡，他不停的更換工作、找尋人生目標和生命意義，導致我們一家不斷的在不同國家遊走。他在我十五歲時去世，兩年後，母親獨自回到她的故鄉澳洲，留我獨自找尋出路。雖然有這樣的童年創傷，我卻覺得自己算是個快樂的大人。我不知道為什麼會這樣，但我知道教育可以教會人變得快樂，而我也有科學證據可以支持這個說法[5]。

這些證據就來自「快樂的科學」這堂講座課。現在，這門課已經在布里斯托大學開設五年，做為大一新生的學分課程[6]。自從教了這門課之後，我漸漸發現童年背後有一個常見的運作機制，而這個機制也許能回答關於快樂的答案。我們自我中心的偏誤（egocentric bias）也許會永遠跟著我們，但我們還是可以訓練自己的思考變得更以他人為中心。在自我中心與他人中心之間的平衡，是變得快樂的關鍵，也是本書每一個實踐技巧的重點。

在本書的七堂課中，我會以科學的方法來說明如何變得快樂，並解釋這些方法背後的運作機制。在第一堂課〈改變自我〉中，我會介紹自我意識在兒童發展時期建構的過程。起初，我們會是極度的以自我為中心，但隨著成長，會漸漸開始意識到他人的存在和自己在社會中的角色。然而，如果我們仍持續以自我為中心，這種「自我專注」（self-focus）就可能會扭曲我們看待事物的視角，導致不快樂。在第二課〈杜絕社交孤立〉中，我們會探索人類因為異於其他物種的童年發展和大腦結構，而對社交關係較為依賴的過程。大腦也是在第三課〈不做負面比較〉的主題，我們會討論大腦接收資訊時天生存在的偏誤，以及這些偏誤讓我們不快樂的原因。第四課的〈練習樂觀〉中指出，人類天生傾向做最壞的假設、聚焦最糟糕的事情，這個問題我們會在這章處理。而這個議題也會延伸到第五課〈掌控注意力〉，探索大腦沒有投入在需要專注的活動時，就容易負面思考的過程，並提出打破這種模式的方法。此外，為了對付這種天生傾向，我們在第六課

〈連結他人〉會解說與他人互動的好處，破除我們以為與陌生人說話會尷尬的誤解。而在最後一課〈跳脫思考〉中，我們會探索看待世界的各種新方法，藉此提升幸福感。

這本書不只是一本心理自助書，從很多方面來說，它都是一本「自我解構」的書，因為過度的自我中心，往往是我們不快樂的根源。但是，我們既沒辦法、也不該透過獨尊他人中心來摒除「自我」。如果只為他人著想、只關注他人的感受，我們可能會完全失去自我感，而自我感對心理健康而言，就跟與他人連結一樣重要。此外，如果只專注在無法掌控的衝突或危機上，我們還可能會被絕望擊倒。我們不應該把快樂的責任全放在他人身上，否則就會失去掌控自己心理健康的權力。

在這七堂課當中，能學到的是：**我們必須在自我中心和他人中心的視角間取得平衡**。每一堂課的中間和結尾，都會有簡單的快樂小練習，幫助我們學會平衡，進而變得更快樂。

但請記得，只有知識是不夠的。我已經展示過很多次，這門課的確能提升學生的心理健康，也減輕了他們的焦慮和寂寞感，但唯有這些參與的學生持續練習時，狀況才會持續進步[7]。就跟身體健康的道理一樣：變得更健壯的前提是，要努力。如果不用健康的方式生活，就不會獲得健康。快樂也是一樣，要「刻意練習」才會長久。

探索
內在
1

第一課

# 改變自我

翻轉慣性思維，重新定位「我是誰」

在日常生活中，我們時常會因為別人的反應，而產生誤解或不必要的情緒。當朋友「已讀不回」、家人對我們的努力沒有即時表態、同事在會議上對我們的提案反應冷淡，我們容易直覺的認為：「是不是我不夠重要？」這樣的想法，來自於我們習慣以自己的視角來解讀他人的行為，並且將對方的反應直接與「對我的重視程度」畫上等號。

但事實上，世界並不總是以我們為中心運轉。每個人都有自己的狀態、想法與關注點，並非所有行為都是「刻意冷淡」或「針對我們」的忽視。當我們開始理解這一點，就能減少許多不必要的情緒內耗，讓關係變得更輕鬆自在。這堂課，將探討如何從「自我中心」轉變為「他人中心」，讓我們在關係中更自在，也更容易獲得快樂。

從前，人們認為地球是宇宙中心，太陽和月亮圍著地球轉；然而，這個觀念在十六世紀全然改變，當時哥白尼（Copernicus）解說了行星運行的規則，並隨後由伽利略（Galileo）利用新發明的望遠鏡證實了這個理論。這個新發現造成了典範轉移（paradigm shift），人們徹底改變了自身於宇宙中位置的思考方式。這個天文學的道理也適用在我們身上，儘管我們覺得自己是宇宙中心，但事實並非如此。若要變得更快樂，就得跟天文學一樣徹底改變我們的思考方式，摒棄自我中心、眾人環繞的宇宙，認知到自己所處的位置，以及與他人的關係。如前言所提到的，我們必須從過度自我中心的觀點，轉變為較為關注他人的「他人中心」觀點。

要想徹底翻轉自己的觀點，從而變得更快樂，這件事很有難度，因為我們天生就是用極其自我中心的觀點來看待世界。我們意識的本質就是如此，我們兒童時期理解世界的過程也是如此。當我們意識到以「自我中心」觀點看待事情會產生偏誤時，就能夠開始轉念。隨著我們願意採納「他人中心」觀點，並增加使用這種觀點的頻率，就能減少自擾的煩惱，享受社交互動帶來的支持性與客觀性。

一般來說，兒童在正常發展的過程中會自然發生這種轉換，只是每個人轉換程度不一。這個轉換之所以必要，是因為我們成年後的快樂程度就取決於此。如前言所提，快樂的兒童長大會成為快樂的大人，而兒童的快樂是因為擁有社會連結。因此，如果我們想好好與他人相處，就得少一點「自我中心」，多一點「他人中心」。事實上，成年的快樂就來自童年。

在第一課中，我想介紹「自我」（self）的概念，以及它如何在童年發展過程中透過與他人的互動而逐漸形成。我們對「自我」這個詞過於熟悉，以至於很少思考這個詞在不同情境下有不同的意義。「自我」代表我們是誰，但「我們是誰」要看當下的情境而定。例如：如果是在工作面試中，我請你介紹一下自己，那你大概會簡略說明工作經驗、專業技能與受訓經歷；如果我們在約會時，我請你介紹一下自己，那我想聽的不會是履歷中的內容，而是你的喜好、政治立場、愛吃的食物和愛聽的音樂。此外，還有另一種「自我」的概念，也就是「自我感」（sense of self），這是我們心理的內在歷程。有時候，我們可能會感覺到意識出現扭曲，於是說：「我好像不是我自己。」在這個時候，我們那些可以寫在自傳上的個人經歷與事實都沒有改變，但卻有哪裡不同了。而實際上，「自我」就是由意識評價與個人經歷不斷疊加累積而成。

十九世紀哲學家威廉．詹姆斯（William James）用兩個名詞來區分「自我」，分別是「主體我」（I-self）和「客體我」（Me-self）。「主體我」是有意識的行動者、認知者與思考者，而「客體我」則是個體行動、知識與思想的客觀故事[1]。讓我舉個例子來說明這兩者的區別。請思考這個問題：你比較喜歡香草口味還是巧克力口味的冰淇淋？在你思考答案的過程中，其實涉及了不同層面向的「自我」。首先，你會意識到意識的存在。你在讀問題時，內心的聲音會朗讀這句話，接著你會理解問題，並開始思考答案。這層意識就是「主體我」，是行動者、是我們能察覺的內心世界，也是我們經歷思想與情緒的地方。但是，有意識的「主體我」必須依賴「客體我」所在的圖書館，而這個圖書館儲存的就是關於我們的知識。要回答喜歡哪一種冰淇淋，你一定得從記憶中抽取相關資訊，因為記憶儲存了你吃冰的經歷，這就是「客體我」的知識儲存庫。雖然「主體我」和「客體我」可以區別開來，但兩者都是建構「自我」的要素，也就是說，意識經驗會成為記憶，而記憶在回想時又會重新進入我們的意識之中。

當我們的意識思考流動連貫有序、持續不斷，並擁有主體性與自由意志時，我們經歷的「自我」就是多數人都熟悉的那種。然而，這不代表「自我」是先於或獨立於這些連續不斷的經驗而存在，也就是為什麼我會說「自我」是個錯覺的原因[2]。我不否認「自我」這個經驗的確存在，但它並非表面上所見的那樣。而錯覺也是一樣：看起來是一回事，實際上又是另一回事。

你可能會說：「等一下，講太快了。如果回答冰淇淋問題的不是『自我』，那還會是誰？」這似乎形成了一個悖論——「自我」既負責監控經驗，但「自我」又因經驗而生，就像荷蘭藝術家艾雪（Escher）的《畫手》（*Drawing Hands*）裡的手一樣，兩隻手互相創造了彼此（見圖1.1）。

這個矛盾會存在，是因為你覺得「主體我」獨立存在，並且是思想與行動的先行者或發起者，無須依賴連續不斷的意識。但意識會有不在的時候，例如我們每天夜裡睡得深沉無夢，就是沒有意識的時候，那麼「自我」就會在我們每天早上起床時重組。「主體我」先是覺醒，接著在「客體我」的記憶庫中搜尋，填補今日的行程並匯入「主體我」。然而，這個「自我」不會也不可能與「昨天的自我」是同一個，但我們很少察覺到這個分別。事實上，「自我」會隨著每日經驗改變，也就是說「自我」會不斷被重新勾勒。這不是什麼新的概念，佛教《法句經》就有說過：「諸法意先導，意主意造作。」[3]（譯注：我們今日所是，來自昨日的思想；我們當下的思想，建構了明日的人生。我們的生命，是我們內心的創造。）

通常我們不會意識到建構「自我」的不同要素存在，除非這些組合有部分出現了脫節。讓我們來看看克里夫・韋爾林（Clive Wearing）的案例。韋爾林無法創造新記憶，或者說至少他

圖 1.1

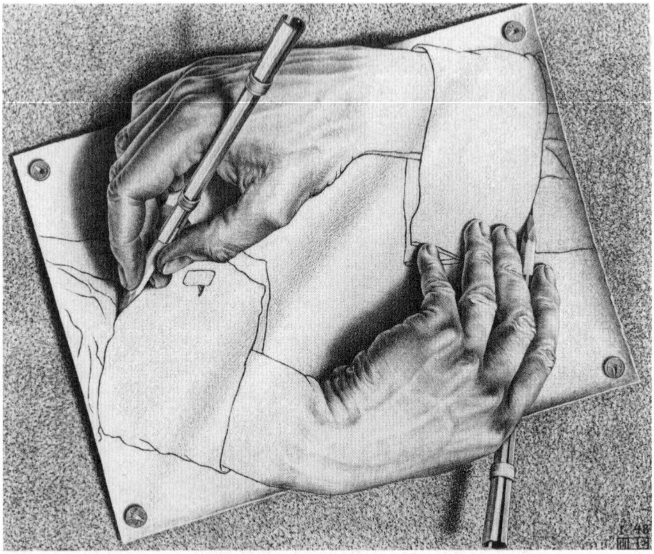

荷蘭藝術家艾雪的《畫手》（1948）

察覺不到[4]。他是劍橋大學（Cambridge University）傑出的音樂學家，一九八五年時他罹患單純疱疹病毒腦炎（herpes simplex encephalitis），這是一種腦部感染疾病，這種疾病摧毀了他形成新記憶的能力。使他患有嚴重的順行性失憶症（anterograde amnesia），也就是無法將任何新的經歷轉化為長期記憶，所以新發生的事在數秒後就會被他遺忘。不過，發病前擁有的技能，他都還記得，例如他記得怎麼彈鋼琴、也記得妻子黛柏拉（Deborah）長什麼樣子，但只要是新發生的事情，他都沒辦法記得。

生病之後，韋爾林開始每天寫日記，藉此掌握自己的生活。每次日記的內容都是同一句話用不同的方式寫，每一頁重複一樣的內容，且都劃有底線：「現在我醒了」加上時間標記十點三十分；下一句是「現在我醒了」，並把「十點三十分：現在我醒了」劃掉，再下一句是「十點三十二分，現在我真的醒了！」，以此類推。

他的記憶只有七秒。如果用「自我」的概念來說，韋爾林沒有辦法更新自己的「客體我」，也無法整合「客體我」和「主體我」的意識，所以他的自我不連貫也無法持續。一九九三年的電影《今天暫時停止》（*Groundhog Day*）中，主角每天都在過同一天，而韋爾林也永遠被困在自己版本的《今天暫時停止》裡了。

你可能會問：「為什麼這本談論關於快樂的書，要花這麼多篇幅關注這種自我的哲學思辨？真的有必要嗎？這些內容有點太抽象了，我只是想要變得快樂一點而已。」但如果我們想變得更好，就得理解自我真正的本質、其建構的過程，以及改變的方法。因為，只有真正的了解自己，我們才能變得更快樂。我們太專注在自我，導致以為自我與經驗是分開的，也與他人無關；我們以為自我不是由世界建構而成，以為自我是獨立於世界的觀察者，甚至不相信長大之後還會改變。即使我們大多數人都承認，童年之後的我們的確有所改變。這種預設自己已抵達發展終點的想法，就叫做「歷史終結的錯覺」（end of history illusion）[5]。

事實上，在你的「自我」透過經驗重塑時，你也能改變，而且幾乎一定會改變。**如果想變得更快樂，你就要把握機會，重新開始審視自己，不再將自己視為一座孤島，而是把自己當作與他人互動產生變化的結果。**

## 從「世界繞著我轉」中誕生

大多數心理學家都同意，「自我」是在童年時期逐漸形成的，它是理解力的提升與個人記憶累積的結果。的確，二十世紀瑞士發展心理學家皮亞傑（Jean Piaget）認為，新生兒一開始無法理解自我和外界的分別[6]，而是將世界視為自我的延伸，這種狀態是一種極端的「唯我論」（solipsism，源於獨自一人〔solus〕與自我〔ipes〕的拉丁文）。在極端的唯我狀態下，自我和世界的界線就會消失，這也是在迷幻藥體驗（psychedelic trip）裡會感受到的，關於這點我們在最後一課會討論。

雖然新生兒極度自我中心，但他們對重要他人的存在十分敏感，尤其是母親。新生兒成長的最初幾年，通常善於社交，他們盯著人臉照片的時間比盯著其他圖片的時間都長[7]，尤其是自己母親的照片[8]。另一方面，我們看到盯著自己看的嬰兒，也會喜歡盯著他們看，把他們當成小大人，賦予他們獨立的人格個性和完整的心理狀態[9]，而這會決定我們怎麼跟嬰兒說話互動。例如，我們會說：「喔，你好好笑！」或「你是不是小淘氣？」這樣的互動會激發嬰兒產生「互為主體性」（intersubjectivity）的概念，逐漸理解自己與他人是分開的，但同時又與他人有所連結。

只需要幾週，嬰兒就能做出建立與強化社交行為的舉動。舉「微笑」為例，許多父母認為，新生兒寶寶會對他們微笑，但實際上，這可能只是嬰兒因腸胃脹氣而產生的不自主表情而已。然而，到了六週左右，大部分的寶寶都會「有意識的」對他人微笑。這被稱為「社交微笑」（social smiling），是自我發展一個很重要的里程碑，也是一個「互為主體性」的例子，表示嬰兒開始發展社交互動了。如果你看向兩個月大的嬰兒，最後你們兩個都會笑出來！但當你別過頭不看，他們就不會再微笑了[10]。大腦影像研究也顯示，年輕媽媽看到自己寶寶微笑的照片時，大腦的酬賞中樞會被刺激；但當看到寶寶皺眉的照片時，這些區域則不會產生反應[11]。如果有人對著我們微笑，我們也回以微笑，這不只代表我們正在關注他們，也代表我們正以正向的方式與之互動。請想像如果你對著某人微笑，結果他們已讀不回、轉過頭去，或皺眉以對，你會有什麼感覺，我猜你應該會有點沮喪吧。對於嬰幼兒來說，使用社交微笑是一種不自覺的策略，用來觀察誰喜歡自己。一開始，嬰兒會對所有人微笑，但漸漸他們開始會挑人；等到快一歲時，大多數幼兒都會開始害怕陌生人[12]，這表示他們已經逐漸察覺到他人的存在，並與家人的連結也愈來愈強。

我們會在下一課深入探討這種早期情感依附形成的過程，因為這個過程對塑造未來的成人關係非常重要，不過，我們已經可以說，**快樂的關鍵就是要與信任的人建立關係，而嬰兒則會依賴對自己行為穩定且一致的人**。要如何以可靠的方式理解他人，一個絕妙的方法就是建立良好的關係。嬰兒會發出成人可以回應的訊號，最有反應的大人就會吸引寶寶注意[13]。這種策略相當聰明，嬰幼兒會把精力放在最專心對待自己的人身上。但如果對方行為不一致或不可靠，寶寶就不那麼容易建立起穩定的依附關係[14]。成人間想建立值得投入的關係也是一樣[15]，與難以捉摸的人建立關係可能是浪費時間。假設這個人放你鴿子或遲到，那你可能會錯過一頓飯或很想看的電影。遲到也是一種訊號，會告訴你自己對對方有多重要。如果這個人無法準時出現，那可能表示他們沒什麼條理，或可能他覺得跟你見面沒那麼重要。家長行為不一致也是一種負面的指標，因為如果家長行為難以預測，兒童就很難建立起可靠的依附關係，且會引發衝突、焦慮，讓孩子形成不穩定的情感依附。但這不等於就沒救了，研究顯示，家長可以透過影片回饋（video feedback），練習注意兒童尋求關注的訊號，就能夠練習建立起更好、更穩定的依附模式[16]。

嬰兒的行為證明了，他們打從一開始就是社交的生物，天生就會與他人互動。顯然，嬰幼兒有很多地方都表現出利社會行為（prosocial behavior）的傾向，這是一種經演化發展而成的策略，用來尋求他人最多的支持與照顧，並與最可能照顧他們的人建立連結。寶寶顯然有認知到家庭成員對自己的關注，也很享受被關注，但他們仍然是以自我為中心宇宙的核心，他們還沒有學到要以他人為中心。不過，隨著人際關係漸漸擴展，不只對照顧者，還會延伸到其他人，而這時候就是他們必須發展他人中心的自我感，與他人互相連結的時候。

## 記得自己是主角，故事才開始

對大多數人而言，觀看嬰兒玩耍是種愉快的體驗，寶寶如此可愛天真，吸引力無人能擋，很難讓人對他們的魅力無動於衷。顯然，人類嬰兒社交技巧已經很嫻熟，可以操縱成人，但他們經驗還不夠，所以「客體我」尚未形成，正快樂的活在受到關注的自我中心，對其他事情渾然不覺。我們應該沒有人記得自己有天醒來，突然覺察到自我和我們在世界所處角色的時候。一份針對數百人的調查發現，如果我們都是誠實作答，那大多數人在兩歲之前對自己都不會有太多記憶。這並不是因為記憶隨著時間推移而消失，舉例來說，一個七十歲的人能夠回憶起五十年前的許多事件，但一個二十歲的年輕人卻無法記住自己十八年前嬰兒時期的事情[17]。在兩歲以前，大多數人的回憶都只有零星的片段，如躺在嬰兒床上看蝴蝶從窗外飛進來（這是我妻子最早的記憶），而我則沒有這種記憶。不過，到了兩歲到三歲間，童年回憶開始轉變，不再像一開始那樣斷斷續續，變得更具自傳性，這就是「客體我」發展的開始。

這種「嬰兒期失憶」（infantile amnesia，也稱「嬰兒經驗失憶」），生物學認為是海馬迴（hippocampus）尚未成熟的緣故。海馬迴是大腦與長期記憶最有關的區域[18]，也是韋爾林被單純疱疹病毒腦炎損傷的區域，因此他沒有辦法形成新的記憶。記憶本質上是一個故事，而我們是故事中行動的主角。我們以自己的視角經歷事件，因此要形成「自傳式記憶」（autobiographical memory），就要先有獨立的自我做為經歷的主角，就像我們讀故事時也需要主角才合理。如果沒有獨立且持續的自我感，就不可能形成自傳式記憶。這也解釋了為什麼那些從小經常與父母討論過去經驗的孩子，在長大後擁有更清晰的童年記憶，這種親子對話有助於將早期記憶結構化，使其成為有意義、連貫的事件，並將孩子置於這些故事的核心[19]。

人類最早展現「自我覺察」的證據之一，就是觀看鏡中的自己。嬰兒一開始會把鏡中的自己當成另一個小孩，但到了二十到二十四個月大時，就能持續認得鏡中的自己，代表他們的自我覺察進到新的階段[20]。這也是為什麼自我識別能力的出現，與第一個自傳式記憶的形成幾乎同時發生。有了主角，我們就能把記憶建構成連貫的故事，轉化為有組織、可被儲存的事件，此時就是「主體我」和「客體我」開始合作的時候[21]。

## 自我中心不壞，只是不夠成熟

即便自我感開始形成，兒童還是沒有辦法理解現實與自己視角的分別。皮亞傑認為自我中心的兒童會以自己的視角來觀察和詮釋這個世界，這個說法在今日依然成立[22]。例如，把玻璃杯裡的水倒進另一個形狀不同、高度較高的容器中，年紀小的孩子會覺得水量變了，因為對他們而言，液體「看起來不同了」，所以水量就不一樣。

能展現自我中心的經典實驗，就是皮亞傑的三山實驗（Three Mountains Task）[23]。實驗中，孩子隔著桌子坐在大人對面，桌子上有三座混凝紙漿做的山，每一座山上都有不同的地標，如建築物或樹木。研究者準備了不同角度拍攝的假山照片，請孩子挑選，自我中心的兒童可以輕易選出自己所在位子看到的假山照片，但如果請他們選擇坐在對面的大人會看到的假山，自我中心的兒童通常還是會選從他們角度看到的那張假山照片。這顯示，年幼的孩子無法理解他人可能擁有不同的視角，而是假設所有人都與自己看見相同的畫面。如果跟自我中心的兒童玩躲貓貓，看到他們跑到角落用毛巾蓋住頭，別太驚訝，因為他們認為如果他們看不見你，就代表你也看不見他們（見圖1.2）[24]。

這並不是說年紀小的孩子「無法」用別的視角思考，許多研究都證明，如果刻意讓他們注意其他視角，他們其實是可以用更他人中心的方法思考的[25]。重點在於自我中心是年幼兒童預設的思考模式，他們必須經過學習才能克服，否則他們在社交互動中很難被他人接受。事實上，自我中心的思考方式確實是溝通上的一大障礙。如果你聽過兩個學齡前兒童的對話，就可以發現他們可能根本沒在對話：

「我有一台三輪車。」

圖 2.2

躲貓貓慘敗（圖片授權：Elizabeth Bonawitz）

「那又怎樣？等我長大，我要當警察。」
「是藍色的。」
「因為我想跟爸爸一樣。」

這些幼小的孩子並不是不在乎彼此，而是難以想像他人的視角。如果請四歲以下的孩子想像他人可能在想什麼時，他們通常會說別人跟他們想的事情一模一樣。在心理學實驗中，有一個典型的「聰明豆測試」（The Smarties Task），展示了幼兒自我中心思維的運作方式：如果你問一個三歲小孩聰明豆的管子裡裝什麼，他們可能會說是聰明豆[26]；如果你給孩子看管子裡裝的其實是鉛筆，他們會覺得很有趣（有些孩子很容易逗樂），但如果你接著問他，他們本來以為管子裡裝的是什麼，他們會說是鉛筆，好像他們可以輕鬆改寫歷史，讓過去符合他們現在所知的事實一樣。這些孩子似乎沒有辦法意識到或承認他們本來的錯誤（我們都知道有些大人也是這樣）。但更驚人的是，如果你再問他們：「如果另一個不知道管子裡裝什麼的其他小孩來了，他會猜裡面裝的是什麼？」他們會說其他小孩也會回答鉛筆。他們相信自己知道的正確答案，其他小孩一樣知道。這表示，幼兒以自我中心來進行思考，所以他們會預期其他人知道他們在想什麼。

**我們可以透過設身處地的思考，來想像他人在想什麼；我們可以透過自己過去的經驗、類似的情況，或預設他人思考，來類比出一個他人思考的理論，這就是「心智理論」（theory of mind）**[27]。這是一種心理模擬（mentalising）能力，會隨著兒童發展逐漸成熟，並在我們的社交互動中發揮關鍵作用。

在二〇一一年英國廣播公司（BBC）皇家研究院（Royal Insitution）的耶誕講堂中，我為了展示「心智理論」，邀請了觀眾席兩位八歲的孩子馬克（Mark）和奧莉維亞（Oliver）參與實驗。首先，我請奧莉維亞先離開舞台，接著將一個櫃子推到觀眾和馬克面前，櫃子上方有咖啡色和綠色的盒子，兩個盒子都有蓋子。我把一個大腦的模型交給馬克，請他在我說話的同時，把模型放到咖啡色盒子裡。過了一會兒，我請馬克把模型拿出來。當馬克打開咖啡色盒子時，發現模型不見了，接著他打開綠色盒子，發現模型被移到綠色盒子裡了。以馬克已然成熟的「物體恆存概念」（object permanence）來看，他知道模型一定在某個地方，所以他猜測這一定有什麼暗門裝置。但他不知道的是，實際上這是一場模式騙局，身形矮小的魔術師比利．基德（Billy Kidd）正縮身躲在櫃子裡頭，偷偷把模型換了位置。這對觀眾來說很新奇，也有點有趣，但並沒有太多掌聲。

接下來，我問馬克覺得奧莉維亞會怎麼做，已具備心智理論的馬克能預測奧莉維亞也會先看咖啡色的盒子，因為她之前就看到模型放在那裡，而且她不知道比利．基德的存在。但為了戲劇效果，我們決定把高潮的段落改一下，這次比利．基德會戴著怪獸矽膠手套，準備在奧莉維亞打開綠色盒子時抓住她的手。於是，當回到舞台的奧莉維亞打開了空的咖啡色盒子後，觀眾便已經能預測到接下來會發生的事，因而變得愈來愈興奮，每一位觀眾都用了自己的心智理論來預測渾然不覺的奧莉維亞將遇到的驚喜。當奧莉維亞被怪獸的手抓到，嚇到往後跳開時，觀眾爆出如雷歡笑與掌聲。這是因為觀眾對事情發展的「預測」，讓搞笑的效果更加乘。

我們所有的社交互動都需要運用心智理論，尤其是跟陌生人對談或在不確定的情況中社交時更是如此。如果沒有心智理論，認為他人與自己想的一樣，看世界的方式也與自己一樣，那麼在跟

圖 2.3

心智理論示範

他人互動的時候，就會產生很多阻礙，這不僅適用兒童，也適用於成人。缺乏這種洞察力會降低我們獲得快樂的機會，例如，我們在第六課會提到，感覺快樂的絕佳方法就是與陌生人對話，但我們大多數人都會刻意避開這種機會，因為我們預設會很尷尬，且認為對方也有相同的顧慮。然而，事實恰恰相反。

## 用比較，發展自我感

在兩歲到四歲間，「主體我」會跟「客體我」結合，此時的「客體我」會透過經驗和資訊發展得更精細。對於「我是誰，我屬於哪些團體？」這個問題，「客體我」會開始累積與自身相關的重要訊息。兒童自我概念發展權威蘇珊・哈特（Susan Harter）認為，學齡前兒童通常會用四種方式描述自己：身體特徵（我有咖啡色的眼睛）、生理活動（我喜歡踢足球）、社交關係（我有一個妹妹）、心理狀態（我很開心）[28]。這些有趣的小事往往都十分具體且互不相關。此外，這個年記的孩子在描述自己時，通常都極度正向；雖然我們大人偶爾也會對自己的成就加油添醋，讓別人另眼相看，但這跟小孩們相比根本是小巫見大巫，他們通常對自身著能力有不切實際的自信（我超強壯）。在測試時，學齡前兒童對於自己能跳多遠或球丟得多準，總是過度樂觀、高估表現。而這種現象同樣反映出他們仍然是高度的自我中心。

幼童會過度自信，是因為他們不拿自己與他人比較，而是與過去的自己做比較，所以他們知道自己進步了，認為一切皆能順利進行。但諷刺的是，我們在成長過程中竟逐漸失去了這個能力，且這種失去更成為許多不快樂的根源。看不到自己進步多少的成人，通常也看不見自己與一年或五年前比起來成長多少，而是會拿自己與他人比較，我們會在第三課探討「比較心態」的大腦時深入討論。

當孩子進入學齡的初期階段（五歲到七歲），他們還是會對自己的能力極度有自信，但也開始會注意到他人的看法。這在「自我感」發展上是一個很重要的轉折，因為他們變得更客觀，會將自己與同學準確比較，也愈來愈意識到被同儕接受是多麼重要的事。例如，會有愈來愈多像是「分享」這類的利他行為，但通常都只針對同儕[29]，要等到年齡再更大一些，助人行為才會變得沒那麼有目的導向，成為真正的無私。而這時候的孩子也對團體認同（group identity）產生興趣，醜陋的偏見（prejudice）也逐漸探頭探腦。研究顯示，五歲到七歲的孩子會開始對跟自己相同種族的團體產生強烈偏好，同時可能對其他種族的團體產生偏見，這種現象在成長於種族隔離環境下的孩子會更為明顯，因為他們較少與其他種族的人互動[30]。

當孩子進入八歲到十歲的兒童發展後期時，他們會愈來愈常與同儕進行比較，原本大行其道的正面自我評價會愈趨精準，也往往會變得比較負面[31]。與年幼時期「非黑即白」的思維不同，此時的兒童可以意識到自己有長處，也有弱點，變得比較沒有那麼自我中心，也更加頻繁的與他人比較。驕傲（pride）和羞愧（shame）開始出現在他們的情緒詞彙中，成就的榮辱也不再只是家長說了算，孩子會有自己的想法。文化規範與媒體也開始塑造孩子的理想自我（ideal self），他們會開始想像未來「自己想成為的樣子」，也更有可能用與同儕相關的術語來描述自己。而感受到自己不足的孩子會開始與能力欠佳的孩子進行比較，透過向下比較的自我膨脹（self-enhancement）的策略，來維持自尊（self-esteem）。

## 「做得好」不是成長的保證

快樂和兒童自尊的關聯很值得我們花點時間思考。自尊是個人對自己的價值評斷，與快樂息息相關。這也不令人意外，畢竟如果一個人不覺得自己有價值，那就很難感到快樂。一直以來，「低自尊」普遍被認為是所有成人社會問題的罪魁禍首，例如：心理健康問題、物質／藥物濫用、犯罪與暴力行為等。美國自一九七〇年代興起一股風潮，想透過提升兒童自尊的教育運動，來預防未來的社會問題，並促進兒童的學業表現。當我在美國擔任發展心理學家時，很驚訝的發現所有與孩子互動的人都會頻繁的對孩子說：「做得好！」稱讚孩子已經變成習慣，不管孩子表現如何都要稱讚，這樣他們才會覺得快樂。雖然這股提升孩子自尊的運動對親子教養和教育圈影響深遠，但目前的科學證據並未能證實，單純提升自尊就能帶來實際的正面效果。

高自尊的孩子，通常表現出更有自信、更活躍、更有好奇心、更獨立[32]，且面對改變也更有適應能力；低自尊的孩子則表現得比較退縮、沒有自信、無法面對挑戰，容易受挫或輕易放棄。但有趣的是，即使低自尊和高自尊的孩子有自信上的不同，卻與他們實際的能力沒有直接關聯。要等他們年齡再大一些，掌握更多技能後，能力與自信才會出現更明顯的連結。這表示，在童年早期的自信是由成人（主要為照顧者）灌輸而來，而非真實的能力。但無論如何，兒童的自信還是會隨著年齡增長變得與客觀表現更為一致，且會注意別人與自己相比的表現差異。孩子並不笨，表現好的時候，他們自己也知道，而這就會讓他們更快樂。

當然，你可能會說兩者是相輔相成：自信會增加孩子願意挑戰自我的機會，因而提升表現，而表現進步又會增強自信；比較沒有自信的孩子如果沒能好好面對挫折或挑戰自己，表現就可能停滯或退步，但這是個雞生蛋、蛋生雞的問題，到底是自信讓表現更好，還是反過來？線索就藏在自尊和表現變化的先後順序中，其中一個總會比另一個先發生，代表有因果關係。事實上，根據研究顯示，**表現進步通常會先於自尊的提升，而不是反過來**[33]**，也就是說自尊的提升往往是能力提升的結果，所以「毫無來由的讚美」並不是表現進步的原因。**

心理學家將與兒童表現有關的教養風格，大致分為三種：「民主權威型」（authoritative）、「獨裁專制型」（authoritarian）、「寬容放縱型」（permissive）[34]。民主權威型父母會參與孩子的表現，這類型父母的態度可能是堅定有原則，但同時也很溫暖，並以孩子為中心，這種教養風格與高自尊有關[35]；獨裁專制型父母會嚴格掌控所有事，傾向支配一切、介入情況、執掌大權，不允許孩子自己解決問題，這個風格與低自尊相關[36]，且被稱為「直升機家長」（helicopter parenting），盤旋在孩子上空（過度保護孩子），經常在孩子犯錯前就介入修正，導致孩子過度依賴他人，且認為他人必須為自己負責；寬容放縱型父母則對教養提不起興趣或直接撒手不管，這類教養風格則與孩子成熟進度遲緩有關[37]。

要怎麼養育出快樂的孩子，並讓快樂的孩子變成快樂的大人？獎賞和讚美固然重要，可以增強自尊、提升自信、強化孩子接受挑戰的意願，但這些獎賞和讚美必須與表現相匹配。如果沒來由就獎賞孩子，一開始的確會讓他們開心，因為孩子會渴望來自鍾愛大人的認可，但危險的是，這可能無意中削弱孩子的能力發展。不管怎麼做都會得到「做得好」的獎勵時，孩子就無法分辨成功和失敗，久而久之，他們會變得無法自立、缺乏韌性。你可以積極參與孩子努力的過程，用鼓勵和建議支持他們，但不要過度且沒有理由的讚美他們，而是要退後一步，允許犯錯，用不帶評價的方式讓他們從錯誤中學習，且不必擔心失敗會影響父母對自己的愛，進而造成壓力。為他們指引方向，讓他們綻放，但永遠不要忽視或扼殺他們；用親情為他們搭好鷹架，但不要限制他們。

快樂的孩子會長成快樂的大人，這個研究發現在我們這堂課一開始就有提到。而孩子會快樂，很大一部分是源於孩子與他人充滿社交支持的關係，但建立健康關係的決定因素是什麼？影響關係的機制有很多，其中「情緒調節能力」（emotional regulation）是一大因素。我們透過大腦前額葉皮質（prefrontal cortical region）的活動來控制自己，而這個腦部區域發展成熟所需的時間最長，在協調心智運作的系統上扮演重要角色。

前額葉皮質要一直到成年才會發展成熟，這也是青少年行事衝動、思考和行動缺乏條理的部分原因。在學齡前兒童身上，也可以看到大腦無法適當調節而爆發的情緒和脾氣。無法控制衝動也解釋了皮亞傑「三山實驗」中，兒童無法壓制自身視角的自我中心，以及心智理論範例的「聰明豆測試」中，應該說「聰明豆」卻無法克制的說出「鉛筆」[38]。即使是大人，也會有前額葉系統運作不佳而衝動行事、思考雜亂無章的時候。酒精的其中一個影響就是損害前額葉皮質功能，這也是喝醉酒的大人會行事放縱的原因。情緒調節對控制憤怒也很重要，得以讓人來脾氣時保持冷靜[39]。前額葉皮質系統成熟速度緩慢，其中一個好處就是我們可以依照不斷變化的各種社會規範、原則、文化，來調整與改變我們的行為。神經科學家莎拉–潔恩・布雷克摩爾（Sarah-Jayne Blakemore）認為，因為前額葉系統發展時間長，我們才能建立身為成人必備的控制網絡，得以「重新開發自己」[40]。

發展成熟的大人會依賴前額葉皮質系統來控制自己。隨著年歲增長，前額葉皮質會逐漸發展出「執行功能」（executive functions），包括規劃與推論，以及壓制無關的想法和侵入性思維。童年的穩定、一致性和規律，能讓成長中的大腦編寫出適應環境的行為，因為這些要素能讓兒童辨認重複出現的模式，預想如何反應，並漸漸熟悉「如果我這麼做，他們就會那麼做」的情境。藉由心智理論推動的這種預測能力，為我們在複雜的社交世界中指點迷津。

## 別活成他人眼中的自己

最後一個與快樂有關的自我感，是我們認知到「他人怎麼看我們」。我們的自我價值深受他人評價的影響，我們可能覺得自己是世界上最好笑的人，但如果沒人笑，我們還好笑嗎？這就是社會學家顧里（Charles Cooley）所說的「**鏡中自我」（looking-glass self），即我們對自我的認知，其實是他人對我們看法的反射**[41]。然而，問題在於我們沒有辦法知道他人如何看待我們，只能用想像的，而這就形成了不斷變動的自我，顧里的這句謎語精準捕捉了這樣的公式：「我不是我認為的我，我也不是你認為的我；我是我認為你認為的我。」

「鏡中自我」就是我們常覺得無法忠於自我的原因。我們在董事會會議室、臥室、運動場或不同的團體中所表現出的自我都不一樣，這種現象讓我們產生內在的不安。在每一段關係中，我們希望自己能表現一致，以忠於自己的價值觀，但我們不可能在所有情境下都有一樣的表現，這樣不太恰當。身為情人的你可以浪漫無限，但跟同事工作的時候就要保持專業；展露自己的不安全感和脆弱在某些時候（如心理諮商）合情合理，但某些場合就不適合（如工作面試）。有時候，在不同場合有不同的行為，會讓我們覺得自己變成另一個人，進而產生自我認同危機。現代社會的「身分認同政治」（identity politics）也反映了個人自我認知與社會期待之間的衝突。有些人覺得，我們永遠沒有機會展現真實的自己，也許這就是為什麼許多臨終病人最大的遺憾就是：照著他人的期望生活，而從未有勇氣活出真正的自我[42]。

當我們感到不快樂時，我們常會責怪自己，將失敗歸咎於己，但我們的生命經歷與環境並非我們所選，我們也無法控制發生在自己身上的事。換句話說，我們的「自傳」，其實是由他人代筆。只要我們意識到「自我是由許多不同元素構成」，我們就能把「錯都在己」的重擔從肩上卸下。如果我們可以退後一步，不要那麼深陷在情緒中，就可以擁有更健康的視角，這就是我說的「減少自我中心思維、多以他人中心思考」的意思。

降低自我中心思維會觸發一種稱為「抽離」（detachment）或「去中心化」（decentering）的心理歷程。**抽離並不是對想法和情緒坐視不管或否認其存在，**

**而是以客觀的角度看待自己的心理狀態**。這是一種有效的方式，讓你與自己的心理經驗保持適當的距離，從而減輕痛苦。我會在第五課說明抽離如何打擊侵入性負面思維。

現在，我要介紹你一個快樂小撇步，幫助你在心情不好或負面思考時可以抽離自己。

心情不好時，請大聲說：「我不等於我的感受、情緒、過去，或信念。」接著再說：「我是擁有感覺、信念和情緒的人。」或者可以統合為一句話，你應該這樣說：「我不是個焦慮的人，我是擁有焦慮想法的人。」

這種用語上細微的轉變，可以翻轉我們對自己的感知，從覺得自己一直且永遠都會很焦慮，變成目前正在經歷一段暫時的焦慮情緒，且焦慮情緒總會過去。

這種思考方式更加正向樂觀，我們會在第四課再提到。

有些人相信拋開自我就是快樂的解答。佛教推行的「無我」（anatta）即透過放下一切能產生自我經驗的元素，藉此達到開悟後的快樂。我們會在後面幾課討論到，運用徹底改變自我感知的冥想、儀式和迷幻藥等，來促進我們的心理健康的方法，並不是每個人都適合，甚至有時這樣的做法還會造成「失自我感」（depersonalisation）的發生。像是感覺自己成為了旁觀者，在自己的想法、感受、整個身體或身體一部分之外；或是覺得自己像個機器人，無法控制自己的言行；又或是感覺自己彷彿飄浮在空中，與現實世界脫節。失去控制的感覺可能是「失自我感」負面經驗中的關鍵元素，但如果我們可以掌控自我中心的自己，主動讓想法和行為變得更傾向他人中心，就能產生正向經驗，而這樣的正向經驗就可以帶著我們走向通往快樂的路。

**人類之所以進化出「自我感」，是為了更好的組織思想、記憶經歷，並與他**

**人互動**。我們不是非得要「消滅自我」才能改善心理健康，但我們可以控制或調小自我中心的音量，讓他人的聲音也被聽見；我們可以在深陷負面情緒的時候，離「主體我」遠一點；我們可以學著欣賞不同版本的自己，這些版本反映了他人的期待與意見，但我們也不該過度依賴他人的想法來行事，因為如果我們過度順從，他人會意識到我們言聽計從的虛偽，進而對我們的模式產生懷疑，此外，我們也可能會發現自己因為想討好他人，而不斷改變自己。**「自我中心」和「他人中心」的平衡，就是追求快樂的關鍵**。自我並不是永恆不變，這是一個解放人心的概念，讓我們可以改變自己。

## 快樂小練習

- **寫日記**：入手有質感的筆記本和筆，開始記錄你的生活。紙本比數位更好，且盡可能定期更新。寫日記可以讓你對自己的經歷客觀以待，也能回顧生活的軌跡和變化。
- **翻閱舊日記和信件**：找出舊日記或書信，不只能讓我們看見自己的改變和成長，還能證明那些曾讓我們勞心傷神的問題和困擾，多數都被克服了。
- **遇到衝突時，記得站在「他人中心」視角**：請試著站在對方的角度思考。與其說「你不懂啦」，不如換成「我可能講得不是很清楚」的表達。這樣可以減少負面情緒之外，還能提高找出解決問題的可能。
- **給予孩子支持鼓勵，但不要過度干涉或讚美**：把重心放在孩子的成就，並正面以對，但不要過度誇大，否則孩子會習慣接受稱讚，甚至期待不應得的讚美。

- **將自己從負面的情緒與想法中「抽離」**：大聲說出：「我不等於我的感受、情緒、過去或信念。」並對自己說：「我只是擁有這些感受、信念和情緒而已。」這種用語上細微的轉變，可以幫助改變自我認知、調整心態。

探索
內在
2

第二課

# 杜絕社交孤立

人是社交動物，需要群體的營養素

打開通訊軟體，群組裡大家熱烈聊天，卻沒有人回應自己的訊息；下班時提議聚餐，卻沒人接話；或者，在某個週末午後，突然發現自己不知道可以打給誰，只是癱坐在沙發上，手機握在手裡。那一刻，說不上是生氣或受傷，只是一種孤單——彷彿還活在這個社會裡，卻失去了參與的資格。

我們總以為「社交孤立」是老年人才會面對的問題，但其實，只要感受不到連結、被需要、被接納，不論年齡，都可能身陷孤立。而這種孤立感不只是情緒低落，還會深刻影響身心健康。人類並不是為孤獨而設計的，從年長女性長輩助產、朋友扶持，到天生的依附需求，我們的腦與身體，都深深倚賴「與他人連結」。

這正是這堂課要說的，如何避免孤立感、如何透過友情與社群連結的心理慰藉達到延壽，以及如何在科技發展「線上孤單」的時代，重新建立真正的連結。

如果沒有野外求生的技能和知識，沒幾個人可以善用環境存活。而且，只靠自己，大多數人都會餓肚子。現在的我們變得很依賴現代社會的科技、文明與便利，但即使有這些讓我們舒適生活的因子，有個基本的東西還是必須：他人的陪伴。這不只是為了生存，更是為了身心健康。我們的快樂掌握在他人手上。為何人類對社交變得如此依賴？答案可能沒有那麼顯而易見，因為這與大腦、生育和養育有關。

每一個物種都有「生活史策略」（life-history strategy）[1]，也就是經演化形成的模式，包含這種動物的生活方式、繁殖行為與壽命。有些動物壽命短，有些壽命長；有些動物獨居，有些則是群居；有些動物只生養單一後代並照顧有加，有些則子女成群並放任其自生自滅；有些動物一生用情專一，有些則四處尋花問柳。這些模式都經演化發展而來，為的就是讓各個物種在不斷變換的情境中能生存下去。

而對人類來說，雖然每個人的壽命不盡相同，有人獨自隱居也有人喜愛社交，有人兒孫滿堂也有人膝下無子，有人一生專一也有人從未定下來，但我們仍是整體上有個生活史策略的物種，而這個生活史策略主要是由大腦的演化所塑造而成。這樣的大腦同時促成和依賴利社會行為。大腦的演化也解釋了為什麼我們有開心等情緒，以及為什麼有些最快樂的時刻是來自我們與他人互動的時候。

與其他靈長類相比，人類生活史策略的特色是壽命更長、後代更多、以及生育年齡過了之後還能繼續存活[2]；我們也傾向建立更堅韌長久的關係，花非常多時間和精力在所愛的人身上，這個現象讓成長早期社交互動和後期幸福感之間有了關聯，因為正向的社交互動往往是個人幸福與否最重要的預測指標。例如，哈佛成人發展研究（Harvard Study of Adult Development）這個歷時最長的幸福研究，自一九三八年起針對波士頓地區的男性研究長達八十年後發現，最一致的快樂預測指標，是良好的人際關係[3]。

在所有動物當中，人類的童年是最長的，因為人類大腦占身體的比例也最高。以我們平均體型來看，大腦比應有的尺寸大了七倍。大腦需要大量的能量以供代謝運作，所以人類演化出成本這麼高、還讓它繼續長大的適應性結果，一定是有什麼好理由。其中一個引人注目的解釋叫做「社會腦假說」（social brian hypothesis）[4]。

普及社會腦假說的心理學家羅賓・鄧巴（Robin Dunbar）認為，動物世界裡，擁有較為複雜社交團體生活的動物，大腦也都比較大。鄧巴指出，複雜的社交生活難度特別高，但有了比較大的腦袋，就可以記錄更多資訊，成功應付社交情境。有一項研究曾成功證明，人類大腦的尺寸可以預測其社會網絡的大小，而社會網絡的大小也取決於個人運用心智理論的能力[5]。「大腦袋」讓我們得以預測他人在想什麼，以及他們接下來會做什麼。

人類智慧不斷增長，是因為我們生長在複雜的社交團體中、發展出語言來分享資訊、並學會合作[6]，這個現象形成一個正向的反饋迴路，叫做「文化棘輪效應」（cultural ratcheting），也就是這一代習得的知識會傳到下一代，人類漸漸就會累積愈來愈多技能與智慧[7]。人類共同生活、互相學習的能力，就是我們在過去二十萬年間進化得如此快速的原因。

但是，為了讓我們的「大腦袋」成長，我們得延長早期發展的時間，把珍貴的能量分配給大腦，這就解釋了為什麼嬰幼兒的頭大得跟身體不成比例，因為發展早期大多數的能量都分給了大腦。新生兒的大腦有三百五十克，為成人大腦一點五公斤的四分之一；但三百五十克的大腦占新生兒體重的十分之一，成人大腦卻只占體重的百分之二而已。這樣的差異會在出生後六到七年間逐漸縮小，兒童的大腦尺寸會成長至三倍，接著大腦的能量需求趨於平緩，能量重新分配到身體而開始加速成長。

然而，頂著一顆大腦袋瓜的胎兒成了母親的一大難題。自從我們的祖先從樹上爬下來，開始直立行走後，我們的身體結構就變了。想用兩條腿順暢行走，髖部就要小，不然就會像黑猩猩試著直立行走時一樣搖搖擺擺。為了逃離掠食者和追捕獵物，演化適應上的壓力使得人類的髖部不能長得太大，而這就影響到髖部的空間，也就是骨盆腔的大小。女性骨盆腔的大小決定了產道的尺寸，而產道的尺寸又決定了產婦可以生產的嬰兒頭部尺寸。問題是，因應社交需求而演化的腦袋變得愈來愈大，最後變得比我們遠祖人猿的大腦還大三到四倍，使得原始人類生育變得更加困難。即使生產時胎兒的頭骨很軟，且會擠壓成圓錐形，生產的痛還是如同在「陰道口火燒般的痛楚中」擠過「一顆西瓜或保齡球」[8]。

當然，也有產婦可以輕鬆生產或獨力生產，但這是少數。人類大多數的生產過程都困難重重、充滿痛苦，且需要旁人幫忙或助產。與我們髖部較寬的近親黑猩猩可就不是這樣，黑猩猩可以自己生產，通常只要兩小時，不急不亂也不感痛楚[9]。助產在其他哺乳類動物中極為罕見，但在人類世界卻是持續普遍存在的行為。如果考慮到時間、心力、痛苦、還有投機取巧的掠食者危機，人類生產真的需要他人協助才有望完成，但這些早期助產的夥伴是誰？為什麼他們又會想費心幫忙呢？

最早的助產士可能是產婦的母親（孩子的祖母）和血緣最近的幾位阿姨。長壽到能幫女兒助產的母親，就彰顯了活到超過生育年齡的優勢，因為他們的後代會承襲長壽的基因。這樣的「祖母假說」（grandmother hypothesis）便說明了更年期後（即無法再生育）仍繼續存活的女性在演化上的價值[10]。人類演化的數學模型顯示，祖母的出現增加了人類的平均餘命[11]。祖母的助產讓人類的壽命在不到六萬年間，就從二十五歲成長到五十歲，因而增加文化棘輪效應和智慧傳承的機會。下次因為提款時排在前面想不起密碼的老阿嬤而心煩氣躁時，記得想想這點。你的長壽和智慧都要歸功於家族裡的眾祖母。

生產之後，母親和嬰兒也可以從他人的幫助受惠，而且幫忙的人不會只有親

感。非洲諺語「照顧一個孩子需要一整村的人」很有道理，不只是為了實際照顧孩子的需求，還因為兒童的發展是由社交團體塑造而成。就如上一課提到的，我們會對孩子放感情，而這樣的惻隱之心可能已成為一種穩定的人類特質，強化團體中的社交連結[12]。這麼說來，生養孩子的需求便塑造了人類社會。家長找人幫忙帶孩子，當部落其他人生孩子時也會期待他們互惠以待。這些人因為會互相幫助，成功繁殖的機率便增加，將惻隱之心等特質傳承到下一代，因而增加了利社會行為成為人類固有特質的可能性。如果將快樂這種情感回饋加進帶孩子的好處中，就可以得到建立與傳播社交連結的強力組合了。

需要團體內情感連結的挑戰，不是只有帶孩子一種而已。「社會腦假說」假設生活在大型社交團體的動物也會跟沒有血緣的個體組成聯盟，以達成共同目標，避免個體衝突。在人類世界中，我們稱這種聯盟為友誼，而友誼是由不同程度的正向情緒所生成，也以此維繫。鄧巴研究了友誼生成的方式和原因、維繫的方法與結束的理由。他將不同的友情分成「只是朋友、不錯的朋友、好朋友、密友、至交」，每一類朋友提供的情感支持和承諾都不盡相同，但所有類別都會產生且需要正向的情感流動。**透過這些互動，我們演化成現今的樣子：共生共存、互助合作，需要社交支持與情感依附才得以生存**[13]。

## 安全第一！情感依附的需求

如果你看過小鴨義無反顧的追著鴨媽媽跑，就會清楚知道小鴨有一股與生俱來的動力，想跟鴨媽媽靠近。如果距離拉遠了，小鴨會叫得更大聲，叫鴨媽媽回來，離自己近一點。人類也是一樣，如果你觀察媽媽與寶寶，就會發現他們之間似乎有一條隱形的橡皮筋將兩人綁在一起。沒有什麼比沮喪的嬰兒啼哭聲更引人注意的了，寶寶的哭聲天生就會激起成人強烈的負面情緒，讓成人有所回應[14]。

雖然有些兒童比較獨立，而且與家長分開這件事是否自在，也有文化與個人的差異，但在孩子建立強烈的情感連結或依附關係中，仍是人類的天性[15]。

英國精神病學家約翰．鮑比（John Bowlby）認為，這種原始的情感連結是確保生存機會的必要之舉，任何阻礙依附的事對正常的發展進程都有害無益[16]。他會有這樣的結論，是因為他做了一項研究，對象是二戰期間轟炸突襲而被迫離開家園、與家人分離的兒童。鮑比發現這些兒童中有許多人都發展出行為問題，因此認為兒童需要的不只是食物與舒適的環境，更是從小就需要愛與情感依附。

依附研究是發展心理學中主要的研究領域之一，因為對於父母如何影響我們的發展，我們都有自己的想法，而且我們之中也有許多人很煩惱什麼才是養孩子的最佳方法。心理學過去常常提供父母錯誤的育兒之道，如體罰（「不打不成器」），但鮑比認為早期社交環境很重要的這個概念，卻挺過了時間的考驗。針對動物發展所做的行為與神經科學研究發現，動物擁有想與他者形成強烈情感連結的動力，尤其對生活在社交團體的動物更是如此，這種連結就稱為「安全型依附」（secure attachment）。

一九五〇和一九六〇年代，心理學家哈利．哈洛（Harry Harlow）繼續測試飽比的假說。他把恆河猴幼猴放在孤立的環境中飼養[17]，即使如飲食溫飽這類的生存必需品樣樣齊全，被社交孤立的恆河猴還是發展出嚴重的行為問題，後續回到猴群也難以重新融入。這些恆河猴成熟後不與異性交配，母恆河猴在人工授精後也缺乏扶養後代成長的能力，還會忽略、拒絕，甚至殺了自己的孩子。重點是，社交孤立的影響在生命最初六個月的影響最嚴重。如果恆河猴幼猴「只在最初三個月」被孤立，那還是可以恢復原狀；如果「在六個月大之後」才被孤立，相較之下受創的情況也沒有那麼嚴重；但從出生到六個月大的這段期間，都被孤立的幼猴會受到最大的創傷。這表示在身為人類遠親的恆河猴中，出生後的最初六個月，是發展依附與後續正常社交行為的關鍵期。

哈洛後來也證明了，早期剝奪的影響在六個月後可以扭轉，方法就是把被孤立的恆河猴跟正常成長且想建立關係的年輕「心理治療猴」配對[18]。即使一開始心理治療猴遭到孤立猴斷然拒絕，但經過幾週堅持不懈的互動之後，孤立猴也會開始表現出正常社交行為的跡象，並在第一年的尾聲完全復原。這表示在極端的社交剝奪之後，復原是有可能的，但這需要「社會整合」（social integration）才辦得到。

雖然說在人類兒童身上測試鮑比的理論違反倫理，但在可怕環境成長的孤兒身上，我們還是看到支持發展依附的關鍵期與兒童發展早期社交孤立造成長期影響的證據。一九九〇年，羅馬尼亞（Romania）共產獨裁統治者希奧塞斯古（Nicolae Ceaușescu）垮台之後，國營孤兒院便人滿為患，擠滿被父母拋棄的孩子。希奧塞斯古先前逼迫女性至少要生五個小孩，如果避孕或墮胎，就得面臨牢獄之災。因此經濟衰退時，一貧如洗的父母便不得不拋棄無力扶養的小孩。

救援者抵達孤兒院後發現，情況是前所未見的糟糕：幼小的孩童被鐵鍊綁在床上，屎尿無人清理，如果氣味太重，就會被冷水柱噴洗伺候。孩子與照顧者之間社交互動幾乎為零，因為照顧者平均一個人要看顧超過三十名孩子，愛或依附在這裡都不存在。最終共有數百名孤兒獲救，並送至美國、英國、加拿大、荷蘭等國的寄養家庭照顧。他們在寄養家庭中過得如何呢？

三十年後，這些孤兒都長大成人，住在西方。離開孤兒院初期，孩子都營養不良，且智商行為評分很低，但他們恢復的很快，長期問題的徵兆也不多，不過，這並不包含從出生就待在孤兒院超過六個月的孤兒[19]。他們有些在後面幾年陸續開始在學校出現行為問題與情緒困擾，並展現出如同自閉症的社交退縮症狀，因而被認為是「疑似自閉症」[20]。他們的大腦發展最重要的頭六個月關鍵期中出了嚴重的問題，而這頭六個月就跟哈洛恆河猴的關鍵期一模一樣[21]。

一出生就沒有主要照顧者可以形成安全型依附的孩子，最終會發展出「去抑制型依附」（disinhibited attachment，譯注：孩童在遇到新認識的成人時就會展現過度的親暱、缺乏社交界線，同時又會反覆確認原本的照顧者有沒有在自己身邊）。隨著年齡增長，去抑制型依附的兒童不會找一個特定的大人依賴，或無法區分不同的大人，他們遊走在不同的陌生人之間，在會觸發焦慮情緒的情境，也不會回頭與家長尋求確認。去抑制型依附的孩子對友誼總是親疏不分，難與他人建立親密互信的關係。這種社交能力不足的情況，深深影響著這些處境脆弱的羅馬尼亞孤兒。雖然認知功能痊癒，智力相對而言沒有被這艱苦的人生起頭影響，後續也有寄養家庭悉心照顧疼愛，但這些孤兒的情感仍因早期社交孤立造成長遠的負面影響[22]。

「社會整合」仍是兒童正常發展與成年後心理健康的重要元素。**就跟大多數的人類行為一樣，社交技巧每個人各不相同，但我們都需要他人的陪伴，因為我們就是這樣演化而來的**。他人的陪伴是我們快樂的主要來源，這就是為什麼被忽略、排擠或甚至拒絕時，我們會感到如此沮喪。

## 「被當空氣」比被打還痛

如我們在第一課說到的，快樂的孩子通常長大會變成快樂的大人。要成為快樂的孩子，「為他人接受」非常關鍵，但遊樂場總充滿著需要機靈的社會智力才能應付的效忠與政治。學齡前兒童從很小的時候，就開始會用排擠同儕的方式來操縱關係，而女童使用這種策略的比例又高出男童兩倍[23]。

「社交攻擊」（social agression）用來形容個體對他人造成的無形傷害，如排擠、造謠，基本上任何可以損害他人社會地位的行為都是。其中一種叫做「排斥」（ostracism，即被忽略或排擠）的社交攻擊在青少年間特別嚴重，破壞力也特別大。一項針對四千八百多名九歲到十三歲兒童社交攻擊的研究發現，他們寧願接受肢體暴力，也不願被排斥[24]。就連身為大人的我們也會感受到被孤立的痛苦。曼德拉（Nelson Mandela）在自傳中講述於羅本島（Robben Island）坐牢的過程，他寫道：「沒有什麼比缺乏人類陪伴更不人道的了。」也提及他知道囚犯寧願被鞭打六次，也不願意被關禁閉[25]。孤單是世界上數一數二糟糕的感受。

被排斥的恐懼一直都是人類終生的一大困擾，被排斥的現象也很常見，一項研究表示大多數人平均一天至少會被忽略或排擠一次[26]，但排斥的傷害力卻絲毫不減，威力大到我們自動對所有被排斥的蛛絲馬跡都十分敏感。心理學家基普・威廉斯（Kip Williams）在一次難忘的經驗中發現了這個現象。當時他跟他的狗坐在任教的普渡大學（Purdue University）校園中，一個飛盤突然飛過來，打中他的背。他轉過身，看到兩個人在玩飛盤，所以他熟練的將飛盤丟回給兩人。接著，這兩人開始輪流對威廉斯丟飛盤，威廉斯很開心可以跟兩個陌生人就這樣開始遊戲，但丟了大概四分鐘之後，這兩個人就不再丟飛盤給他了。想想一定很尷尬，站在那裡期待飛盤丟過來。你會等嗎？還是會直接溜走？當時的威廉斯立即感受到的，就是因受到排斥而生的負面情緒。

威廉斯仔細思考自己被排斥引發的情緒反應，並進行了一項研究，來看我們對被排斥究竟有多敏感。他設計一個叫做「線上投球」（Cyberball）的遊戲，來模擬他這次的丟飛盤經驗。在遊戲中，人類玩家會跟兩位模擬玩家互相丟球[27]，大約玩了一分鐘之後，就會與威廉斯在校園的那次經驗一樣，電腦不再把球丟給人類玩家，只讓兩位虛擬玩家互相丟球。受試者會如何回應電腦模擬的被排斥情境呢？

奇妙的是，就算這只是電腦遊戲，「線上投球」排斥行為的效果還是很強大。一項大型的統合分析整合了使用這個經典、受試者總計超過一萬一千名的一百二十項研究，結果表示，這種經誘發形成的排斥會產生十分強而有力的負面影響[28]。受試者即使知道自己不是在跟真人玩球，也知道這個遊戲是人為操縱的結果，但在被排斥之後還是會感受到負面情緒、自尊感低落、失去掌控感。我們對被排斥的反應就是由演化刻在身體裡的自動反射。

**社交孤立、排斥、排擠、遭拒，都會對心理健康產生立即且長久的負面影響。威廉斯形容排斥是「社會性死亡之吻」**[29]。他後來又細分出被**排斥反應的三階段，包括：一、立即自動出現反射性的社交痛楚；二、被排斥者會自動想合理化眼前情況，並試著應對；三、因長久被排斥而進入棄守狀態。**

被孤立就無法覺得快樂，但這個現象中隱藏著我們產生這些負面情緒反應的原因：這是一種處罰，激勵我們要避免自己被排斥。就像身體疼痛一樣，被孤立帶來的社交痛楚也是一個提醒改變的警鐘。確實如此，因為身體疼痛時刺激的大腦區域就跟社交痛苦的區域一樣[30]。這種痛感會啟動一系列應對機制，讓我們回到威脅要放逐我們的社交團體中。只要我們一感受到自己可能被排斥，我們就會提高警覺，找尋可以討人歡心的機會。如果這些回歸策略失效，就會引發無助感、疏離感、憂鬱、無價值感。最終，被孤立就可能導致早死。

## 寂寞不只心酸，更傷身

心理學家茱莉安・霍爾特倫斯塔德（Julianne Holt-Lunstad）曾以給人壓力為生。她很好奇壓力是怎麼影響血壓的，所以她會邀請受試者到實驗室來場公開演說，這是最容易讓大多數人焦慮的事情。她發現，有朋友陪伴的受試者表現的往往比隻身前來的受試者還要好[31]。即使是身體疼痛這種有形的測試，如果有所愛之人陪伴，疼痛忍受度也會提高。在一項北歐研究中，受試者的食指指甲會被施壓，以測試他們對疼痛的忍受度，並分成獨自承受與愛人陪伴各兩次。結果發現，比起獨自承受「折磨」的時候，伴侶在身邊時，受試者敏感的指甲能承受的壓力更大，回覆的疼痛程度也更低[32]。

如果我們對痛苦的反應會被他人陪伴影響，那長遠來看，他人陪伴在我們生活時又扮演著什麼樣的角色呢？他人的陪伴對我們的壽命有影響嗎？為了解答這個問題，霍爾特倫斯塔德分析了世界各地的研究，探討社交連結是否會影響老年健康。她發現，社交連結程度較高的人在研究結束時仍活著的機率，比社交連結程度最低的人還高了百分之五十[33]。其實，在她檢視影響壽命的所有知名因子，如基因、醫療品質、運動與飲食等生活習慣時，她發現，這些因子與最強的預測因子比起來都相形失色，而這個最強預測指標就是：社交連結。

寂寞可能會讓我們不快樂，更可能致人於死地。二〇二三年，《美國外科醫生》期刊（*American Surgeon*）發表了一篇報告[34]，主題是美國的寂寞孤立潮，報告中有百分之五十的人社交連結程度都很低[35]。報告估計：「社交連結低落或不足對健康的影響，包含罹患心血管疾病的機率增加百分之二十九、中風機率增加百分之三十二、老人罹患失智症的機率增加百分之五十。」至於生命威脅，在估計的資料中，**社交孤立與寂寞是早死的風險因子，影響程度比其他知名的因子都還要高，如肥胖、一天抽十五根菸等**[36]。要怎麼解釋寂寞與壽命之間的關聯呢？寂寞的心是怎麼影響到身體健康的？答案就在我們應對壓力的方法，以及我們從他人身上得到的支持裡。

## 壓力襲來？找人一起扛

面臨威脅，人類會快速啟動一個大家現在都很熟悉的生理機制，叫做「戰或逃」（fight or flight）反應，身體會選擇對抗或是逃跑因應。但這個機制應該要叫做「戰或逃或僵」反應，因為許多動物（有時包括人類）在面臨危險時會不由自主的僵住不動，所以我們稱之為「癱瘓恐懼反應」（paralysing fear）。這是身體面對挑戰時的反應，幫助你應對威脅。身體變化包括血壓上升、心跳加速、呼吸急促、流汗等，其他變化還包括瞳孔放大，以便在黑暗中看得更清晰。這是自律神經系統的交感神經（symphatetic nervous system）在反應，而自律神經就如其名，是一個自主啟動的系統，不受大腦意識控制。在很短的時間內，這些交感神經啟動的變化可以讓身體適應環境、迅速動員身體、並讓身體充滿精力，以應對潛在的危險。

但是，戰或逃反應常出現的問題是，當危險已經過去或其實只是虛驚一場時，我們卻沒辦法輕易恢復到放鬆狀態。深受焦慮（最常見的心理困擾）所苦的人，就是戰或逃機制過度活躍。有些恐懼十分具體，如恐懼症，但通常大部分的焦慮是廣泛性焦慮（generalised anxiety），也就是在沒有明顯的危機之下持續感到恐懼，這是最常見的焦慮症。患者偶爾會出現急性恐慌發作，伴隨換氣過度與恐懼排山倒海而來。廣泛性焦慮症之外，最常出現的問題就是社交焦慮或社交恐懼症，這也是為什麼公開演說會讓人壓力這麼大。顧名思義，社交焦慮就是有他人在場時會引發的焦慮。極端的社交焦慮可能會十分消耗精力，因此患者會孤立自我或退縮，但這就可能加劇孤立的問題。如在一項一九九八年的研究中發現，患有社交恐懼症的青少年在小時候迴避社交互動的機率更高[37]。迴避社交互動便成了一種自證預言（self-fulfilling prophecy），讓人錯失了與他人交流的益處。

壓力造成的焦慮，久而久之會導致長期的健康問題。慢性壓力會影響到下視丘—腦垂體—腎上腺系統（hypothalamic-pituitary-adrenocortical axis，譯注：下稱HPA系統）。這個系統負責調節荷爾蒙分泌，尤其是皮質醇（cortisol，譯注：又稱可體松）[38]。HPA系統的重要功能，就是在反應之後抵銷戰或逃的反應，讓身體恢復到休息狀態，以準備因應下一次威脅。但是，如果在沒有威脅時仍持續感知到威脅存在，HPA系統會持續處在啟動狀態，長久下來就會影響因應威脅的能力。HPA系統會失去控制，無法做出適當的反應，因為要不是反應過度，不然就反應不夠，這表示皮質醇的濃度在極高與極低之間擺盪，這種不穩定的狀態會影響到免疫系統，包括負責打擊病毒、稱為「殺手細胞」的T細胞（T-lymphocytes）。當免疫系統受到損害或功能異常，預期壽命就會減少。

童年生長在壓力環境下的早期經驗，會銘印在兒童的HPA系統裡，造成系統功能異常，無法正常因應未來的壓力[39]。母親的壓力也可能傳遞給胎兒。例如，研究發現，懷孕期間目擊九一一事件並發展出創傷後壓力症候群（post-traumatic stress disorder，PTSD）的母親，在休息狀態的皮質醇濃度較低，表示HPA系統反應異常[40]。而這樣的異常現象也出現在當時為第三孕期（譯注：又稱懷孕後期）的受試者胎兒身上，胎兒發展中的免疫系統在此時最為敏感，早期的壓力經驗就因此進到我們的身體裡。

壓力也會影響到我們做決定的能力。諾貝爾獎得主、心理學家丹尼爾・康納曼（Daniel Kahneman）在著作《快思慢想》（*Thinking. Fast and Slow*）區分出兩種系統，系統一是情感與直覺，系統二是理性與分析[41]。系統一是激動的急驚風，系統二則是冷靜的慢郎中，可以想成《星艦迷航記》（*Star Trek*）的寇克艦長（Captain Kirk）和史巴克（Spock）。壓力會啟動思考更衝動快速的系統一，促使我們馬上反應；因為系統一，人面對威脅的反應都會比較情緒化[42]。快速轉動的腦袋比較容易做出錯誤決斷，如果這個思考模式總是執掌大權，就會造成慢性焦慮。

戰或逃模式啟動時，我們可能會把眼前的威脅想得比真實情況還嚴重。情緒高漲時，我們會受到腎上腺素（adrenaline）分泌的荷爾蒙衝擊，造成反應過度與衝突。路怒症就是一個很好的例子。根據美國汽車協會（Amercian Automobile Association，ＡＡＡ）的資料顯示，十位駕駛中有八位承認駕車時曾有挑釁行為（如逼車、變換車道以擋住其他駕駛），而男性又比女性更為激進[43]。二〇二〇年，美國有三分之一（百分之三十五）以上的男性和四分之一（百分之二十八）的女性曾對其他駕駛比中指或按喇叭。美國汽車協會將這些挑釁行為歸咎於壓力與挫敗的情緒。回頭看，路怒引發口角似乎顯得可笑，但這些事情會發生，是因為過去用來對抗真正敵人以拯救我們的憤怒情緒，在今日沒有調整好，所以無法妥善應對現代生活中威脅較低的紛擾。我們太快就反應過度，而憤怒的猛虎一旦出閘，就很難用理智控制了。

如果你常發脾氣或感到焦慮（我們都會），有一個簡單的方法可以關閉戰或逃反應，這個技巧美軍海豹特戰隊也在用，叫做「箱式呼吸法」（box breathing）。請想像一個方形箱子，並從左下角開始，鼻子吸氣數到四，默唸：「吸、二、三、四」，慢慢吸氣的同時，想像視線從箱子的左下角移到左上角，並觀察胸腔隨著吸氣起伏；接著默唸「停、二、三、四」摒住呼吸，想像視線從左上角移到右上角；再來默想「吐、二、三、四」慢慢吐氣，想像視線從右上角移到右下角，觀察胸腔隨著吐氣下沉；抵達右下角之後，摒住呼吸默唸「停、二、三、四」，想像視線從右下角移往左下角起點，接著從頭開始。

這個技巧可以幫助你控制呼吸，啟動自律神經系統的另一個部分，叫做副交感神經（parasympathetic nervous system），抵銷戰或逃的交感神經反應。**副交感神經啟動的「休息與消化」反應會將心跳緩和到正常頻率、降低血壓、放鬆肌肉。箱式呼吸法的控制呼吸、觀察胸部起伏、想像箱子、轉移視線，這些行為加起來可以有效將注意力從啟動戰或逃反應的事情上轉移。**當交感神經反應控制住了，就可以利用系統二的理智來處理壓力情境。

壓力是公認的致病因子，許多研究已證實，而社交連結可以減少壓力，其中的運作機制有很多種。首先，感覺與他人連結的人，會比較有動力做出更多自律行為，像是照顧自己、使用預防性的醫療照護資源等[44]。再來，朋友和所愛之人也可能會鼓勵我們活得更健康，如減重、運動、睡飽、吃藥等。研究也發現，青少年如果有朋友很愛運動，他們自己也會變得比較常運動[45]。最後一點是，我們感覺與人有所連結時，我們就不覺得自己被孤立，也不覺得自己脆弱，所以我們對威脅的感知就會減少，對威脅的忍受度也比較高。我們甚至可以透過朋友稍微幫忙，就把困擾講開，或得到更好的觀點。

## 做好事，心也變得溫暖

在這一課，我主張人類是社交動物，在群體中會成長茁壯，孤身一人就會枯萎凋零。**我認為抵達快樂的最佳方法，就是少一點自我中心，多一點他人中心，而做到這點的一個方法就是「慷慨助人」**。雖然全球疫情時期景氣嚴峻，但仍有超過一半的英國民眾在二〇二〇年捐了一百一十三億英鎊（約合新台幣四千六百五十億元），比前一年多了百分之十[46]；美國也有類似的情形，二〇二〇年的捐贈金額為四千七百一十億美元（約合新台幣十五兆三千八百萬元），打破過往紀錄[47]。即使是需要自私、對自己最有利的時刻，許多人仍展現了無私的一面。為什麼會這樣？

**動物通常會幫助有血緣或互惠關係的對象，第一種策略叫做「親屬選擇」（kin selection）**[48]**，第二種策略叫做「互惠利他主義」（reciprocal altruism）**[49]**，這兩種都是演化而來，為的是存續我們繼承的基因。**親屬選擇從演化角度來看合情合理：即便幫助他人可能要付出代價或蒙受損失，但如果你跟受益者有血緣關係，那你們就有部分的基因相同，包括讓你想幫忙的基因，所以你會想幫助跟你有共同基因的人生存下去。

互惠利他主義是幫助沒有血緣關係的人。乍看之下，互惠利他主義似乎有點難理解，因為從傳承基因這點來看並沒有明顯的好處。互惠利他主義的一個奇特案例是南美洲的吸血蝙蝠。如果一夜狩獵過後，有一隻蝙蝠無功而返，那麼其他蝙蝠就會反芻已經吞下去的血來餵這隻飢腸轆轆的夥伴，但前提是，牠們相信這隻蝙蝠未來會報答牠們[50]。如果有蝙蝠曾違背這樣的吸血公約，就會背上自私的名聲，以後其他蝙蝠就會忽略牠，讓牠獨自挨餓。由於下一餐著落難以預測，互惠利他主義這種策略可以讓每隻蝙蝠都撐過食物不足的時刻。如果你今天狩獵的成果豐碩，那與打獵失利的同伴分享食物等於讓對方欠你人情，這份債則在你獵食不順的時候償還。

人類互助的行為也包含親屬選擇和互惠利他主義，但我們與其他動物不同的地方，在於即使沒有親屬關係也願意幫忙，甚至不求回報的幫助他人。乍看之下，這種行為以演化觀點來看似乎不太合理，但其實有其道理。友好待人不只有益他人，也會幫到自己。慷慨可以視為一種美德，能為我們博得名聲，這種做法在許多文化中都可以見得，個人為提升社會地位而慷慨解囊。例如，線上慈善捐款時，看不看得到其他人的捐款金額，會影響到捐款數字，尤其在捐款者是男性而募資人是有吸引力的女性時更是如此[51]。平均捐款的數字愈高，後續捐款者捐的金額就愈多。透過發送這個訊號，我們可以表達自己人有多好、多關心他人，而這些特質還可以提升我們的社會地位。說到利他行為時，人會積極爭取，讓自己看起來比別人慷慨。

發送美德訊號（virtue signalling）也許能解釋部分的利他行為，但沒有辦法解釋匿名捐款。研究受試者拿到一筆沒有附帶條件的金錢後，仍有百分之六十的人在回覆是否願意捐款時，同意匿名捐出大約五分之一的金額[52]。發生了什麼事？一部分原因可能是文化或社會建立的「規範行為」（normative behaviour），即使是匿名情境下，我們也會想像別人在同樣情況會怎麼辦，並照著這個想法做。如果我們發現當下情境期待我們捐款，我們通常都會同意，因為我們覺得這是他人對我們的期待；但如果當下情境告訴我們可以從他人身上拿走金錢時，我們比較不會照做[53]。

慷慨的行為有這麼多解釋的方法，那人性到底還有沒有光輝可言？我們到底能不能真的做出無私的利他行為？這是個很有趣的道德問題。熱門情境喜劇《六人行》（*Friends*）甚至有一集就談到這個問題。在某一集裡，菲碧（Phoebe）願意當雙胞胎弟弟的代理孕母，喬伊（Joey）則說這個行為很自私，因為菲碧幫助親人的時候會覺得很快樂[54]。喬伊說：「做這件事你會很開心，這就是自私。」接著叫菲碧想出一個真正無私且不會讓她開心的利他行為。菲碧呆住了，因為就算是最無私的舉動，只要你因為這樣開心，都可以被說成是自私之舉。接下來的劇情就是綜藝效果，菲碧為了要反駁喬伊，試著找出各種無私行為的例子。

無條件的好心看似是最無私的行為，但這其實是讓我們快樂的方法。例如，不太慷慨的人可能會覺得最好把錢都花在自己身上，不要花在別人身上。我們可能會去買東西讓自己開心，但這個做法其實是錯的。正向心理學有一個著名的實驗[55]，研究者伊莉莎白．鄧恩（Elizabeth Dunn）團隊發給受試者裝有五美元或二十美元的信封，並告訴他們，他們最終得選擇把錢花在自己或別人身上。在測量受試者的幸福感時，把錢花在陌生人身上（如等星巴克的時候幫陌生人買杯咖啡）的受試者感覺更快樂，與原本預測錢花在自己身上會更快樂的假設相反。花多少並不重要，而是給予的行為會讓我們感到快樂，這就是經濟學家口中，因給予帶來的「暖光效應」（warm glow），即幫助他人之後產生的開心感受[56]。無條件慷慨行為與個人幸福感之間的連結，在一項針對一百三十六個國家、共二十萬名受試者的研究中也可見得[57]。即便是在烏干達（Uganda）這樣貧困的國家，捐五美元是一筆大數目，但受試者被要求花錢在他人身上時，一樣的幸福感仍然發生在他們身上。

美國前總統林肯（Abraham Lincoln）曾說：「做好事，我就會感覺很好；做壞事，我就會感覺很差，這就是我的信仰。」做好事本身會讓人有種成就感，進而讓人感覺良好。慷慨行為會激發大腦的兩個區域[58]，第一個區域在大腦深處，位在你耳朵後方，叫做腹側紋狀體（ventral striatum），也就是所謂的酬賞中樞，負責生成快樂的感受；第二個區域在後腦杓上方，叫做頂顳交界（temporal parietal junction），是負責辨識他人的腦部區域。慷慨行為愈多，這兩個腦部區域的活動也會增加，自陳報告的快樂感受也愈多。大腦中有我們對自己的表徵（即神經活動的模式），還有我們對他人的表徵。幫助他人時，大腦對於自我概念和與他人連結的表徵就會增強，接著與情緒酬賞的連結也會增強。所以當你幫助他人時，你給自己的獎賞就是快樂。用這個邏輯來看，你可能會同意《六人行》喬伊所說的話，認同「我們永遠不會有真正無私的行為」。但如果這樣的行為雙方會都受益，何樂不為呢？

**如果想變得更快樂，就試試看做點不求回報的小好事吧，匿名且不經意的最好，否則我們會將之合理化，快樂的效果就打折了**。有一項研究把受試者分兩組，各發放不同的卡片，兩種卡片上都黏有一美元紙鈔，並寫有以下文字：「這是給你的！我們是微笑協會（學生社群世俗聯盟），我們想要推廣隨機善行。祝您有個美好的一天！」另一組的卡片文字一樣，但加上「我們是誰」和「為什麼我們要做這件事」兩句話，讓卡片多了解釋的意味，說明組織為何要發錢[59]。

拿到解釋善行緣由小卡的受試者，過了二十分鐘後進行測量，結果發現其快樂程度與好奇心都比另一組的受試者還要低。意料之外且沒有解釋原因的禮物，會引發更大的正向幸福感。所以，如果你想得到最多的快樂和最大的暖光效應，可以做一件善行，加上一點神祕感，但不要有附帶條件，也要完全不求回報。

## 假連結、真孤單的社群媒體

如果快樂成長可以透過與他人連結、為他人做好事來實現，那在現代社會，我們應該可以透過數位科技提供的新機會來讓我們更快樂。綜觀歷史，人類從沒有像現在一樣，有機會跟這麼多人交流。每一個擁有智慧型手機的人都可以用相對便宜又省力的方式向全世界表達想法。在社群媒體上，我們可以不斷與他人互動，不受時間與空間的限制，開啟無數讓我們變得更他人中心的機會。

然而，社群媒體自問世以來，就成為心理健康問題的根源。社群媒體似乎已經掌控了人類的行為，反對社群媒體的人公開譴責社群媒體對社會帶來的傷害。社群媒體的設計用意是吸引我們的注意力，利用了深埋我們心中想受他人認可、連結、確認的渴望，即便當下與朋友在一起亦是如此。社群媒體就是直搗每個人自我中心中的自我，從許多角度來看，社群媒體最適合的簡稱應該是「我媒」（so me，譯注：作者對 social media 的諷刺縮寫，翻譯為簡稱是想強調原文中所提到的「自我的媒體」）。要意志真的很堅強的人才有辦法關掉手機或不甩手機通知。二〇二三年一月的一項調查估計，世界上有百分之五十九的人都有使用社群媒體，平均每日使用時間為兩小時又三十三分鐘[60]，這還只是平均而已！

每次只要有一個能翻轉時代的新科技問世並廣為大眾使用，就常出現一種反應，叫做「科技恐慌潮」（techno-panic），這是一種強烈的恐懼，害怕科技會對社會造成危害，尤其擔心傷到年輕人[61]。就連希臘哲學家蘇格拉底（Socrates）都擔心寫字會讓人失去推論和記憶的能力。自此開始，就不斷出現針對各種新科技的恐慌，包括印刷機、廣播、電影、雜誌、電視、最近的網路、當然還有社群媒體。但是，自從社群媒體出現以來，就有無數個研究發現，使用社群媒體與惡化的心理健康真的有關。有愈來愈多證據證明，這些科技讓人愈來愈不快樂。

心理學家費斯廷格（Leon Festinger）形容人類像是有一臺用來做社交比較的硬碟，以此來發展自我感[62]。在網路上，大家偶爾都會與他人比較，不過雖然這種社交比較是不自覺且無心的，且每個人投入的程度有所差異。但對此非常執著的人會容易有不安全依附的行為，通常也會成為重度社群媒體使用者，這個狀況很令人憂心，因為正是使用社群媒體的這個行為讓他們不快樂。在一項研究中，社交比較分數最高的受試者，對自己的感覺比較差，查看同齡同性別的高中同學臉書頁面時，也會變得比較沮喪[63]。就如美國小說家戈爾・維達爾（Gore

Vidal）所言：「每次朋友成功，我就死去一點點。」嫉妒是一種有毒的情緒，會讓我們變得不快樂。

無論是否故意，社群媒體都驅使用戶上傳他們最美好的自我介紹、經歷和自拍，並期待上傳這些會收穫讚美，提升社會地位。但當每個人都上傳自己最美好的一面，或特意強調讓他人羨慕的事情時，就會引發人氣軍備競賽。只上傳最美好的回憶，觀者會對這個人和他的生活留下不切實際的印象。如果每個人在社群媒體上展現的生活似乎都比自己的好，那每個人都會至少在某些部分覺得自己不如人，如相貌、朋友、機遇、工作、財富、關係等。

社群媒體還有一個較隱而不顯的危害，那就是（直接或間接的）社交攻擊。人在網路上對待他人的方式非常惡毒，在現實生活中他們絕對想不到要這樣待人。社群媒體冷淡、簡短又即時的溝通模式，會讓使用者非常容易誤解訊息，或對他人如何反應漠不關心。社群媒體讓爭論走向極端，在上面很難讓討論議題尋得共通點或妥協。接著，當然就可能被忽略，或更慘——被封鎖。在社群媒體上被忽略或排擠可能比在現實生活中的感覺還糟，因為網路上的觀眾更多，是整個世界。就像線上投球的排斥實驗一樣，在網路上被排斥，我們也會覺得沮喪。

社群媒體對心理健康有何影響，輿論爭論不休，因為這種負面效果對全球人口的影響可能微不足道或無關緊要[64]。然而，數據清楚顯示青少年對社群媒體的傷害最沒有抵抗力[65]。就跟社交孤立的影響一樣，青少年發展中也有敏感時期，讓社群媒體對他們產生較大的傷害。近期有一項大型研究邀請超過八萬名十到八十歲的英國民眾接受幸福感量測[66]，結果發現人數超過一萬七千名的青少年組與社群媒體的負面連結最深。在這個青少年組中，女性進入青春期時（十一到十三歲）對社群媒體的負面連結最為強烈，男性則是要再過幾年（十四到十五歲）；而女性和男性與社群媒體的負面連結，都會在十九歲再度衝上高峰。以所有年齡層來看，對生活最不滿意的人也是愈來愈常使用社群媒體的人。這個研究展示了，處於生命發展脆弱期且將社會地位視為至關重要的人，是最可能受到社群媒體傷害的人。

任何事情，只要會破壞演化而來的社交依賴，傷害我們茁壯成長所需的養分，就都是一種潛在風險。對於這個快速變換、使用上稍有不慎就會增加孤立感的環境，我們的大腦沒有辦法應付。對於這個未知的新世界，我們大多數人都能應付，但隨著社群媒體的影響愈明顯，我們必須認知到，社群媒體的影響對脆弱的人而言是一個真實存在的難題。「精靈已經出了瓶子，再也回不去了。」（編按：出自《一千零一夜》中的比喻，指事情已經無法挽回，變化已經開始，不能回到從前）但我期待這種數位生活方式最終也能加上警語和建議使用守則，就跟其他可能危害心理健康的生活習慣一樣。

鼓勵我們變得更自我中心的科技是個隱憂。社群媒體就像火焰，可以善用，成為聯繫他人的工具；也可能帶來毀滅，讓我們只專注在自己。**如果太過在意別**

**人的看法，讓自己的網路人氣決定自己的價值，那麼社群媒體就會成為不快樂的根源，而這就是社群媒體真正的問題所在。**我們大多數人都會擔心自己的名聲，因為我們想被接納、讚賞、不想被孤立或留下，這就是社群媒體在現代生活中如此普遍的原因。不過，我們也可以保持明智的心，聽從德國哲學家叔本華（Arthur Schopenhauer）給的建議：「對他人意見給予極大價值的人，就是給了他人過多的榮譽。」這個建議的問題是，他疏於承認我們因演化而喜愛社交的大腦，以及我們在下一課會提到的，這個習於社交的大腦會不斷與他人比較。

## 快樂小練習

- **花點時間經營關係**：聯繫許久沒有聯絡的朋友，重燃友誼，或簡單傳個訊息，告訴他們你一直在想著他們。
- **如果你是家長，鼓勵孩子與同儕建立健康的社交連結**：讓孩子與同儕參與有結構的活動，如社區活動、做志工、體育活動、指導計畫等。孩子有一個人可以完成的興趣無妨，但也應該要留點時間社交，就像那句話說的：「只用功，不玩耍」，聰明孩子也變傻。
- **善用箱式呼吸法減緩焦慮**：這是透過控制呼吸來緩和「戰或逃反應」的快速療法。做的時候，可以注意你重掌自我的速度有多快。
- **練習做隨機善舉**：善行不用很大，只要做一個小小的驚喜，提醒他人，我們都可以友善待人。練習把重點放在行為本身，因為這是讓正面體驗加乘的一種方法；也可以試著回想自己過去的善行，讓你回顧快樂的回憶。

- **放個「社群媒體離線假」**：放假一天，並寫下感受。如果一定要用社群媒體，請規定自己的使用時間，才不會擠掉「真實」與他人相處的時光。

改寫思維
1

第三課

# 不做負面比較

不用贏過全世界，也能喜歡自己

點開社群媒體，一不小心就開始比較。別人升職了、交往了、出國旅遊了、瘦了、買房了、孩子考上好學校了……滑著滑著，本來只是無聊的滑手機，卻開始懷疑自己是不是落後了、是不是不夠好，並沒有嫉妒誰，只是突然有點難過：「為什麼我好像永遠跟不上？」

比較，是我們與生俱來的本能。人類的大腦有一套系統，會自動偵測「我」和「別人」之間的差異，並用這些差異來判斷自己的價值。但當比較變成一種慣性，就可能不再是幫助進步的動力，而是一種讓人愈來愈疲憊的內耗。

在這一課，我們將從神經科學與心理學的角度來理解：為什麼我們總是忍不住比較？為什麼向上比較容易帶來自卑？但向下比較卻無法真正安慰自己？透過練習覺察這些比較的模式，並學會用更健康的方式看待自己和他人。因為，快樂不是來自「比得過」，而是來自「不用比」。

請看圖3.1下面兩顆被大腦環繞中在中間大腦，是不是有一顆比另一顆大呢？如果你覺得右邊那顆大腦比左邊的還大，那你正在經歷艾賓豪斯錯覺（Ebbinghaus illusion）。其實這兩顆大腦一樣大，不信可以拿尺量一量。會有這樣的錯覺，是因為環繞四周的大腦圖案扭曲了你的知覺，你在看的時候會自動計算比較，調整估計值。同一個東西放在比較大的物品旁邊會顯小，放在小的物品旁邊就會顯大。

談快樂的書講錯覺幹嘛？錯覺不只彰顯心智的奇妙，還提醒了我們：所見不一定為真。我們與現實並不是直接相連，我們的現實是自己建構而來

圖 3.1

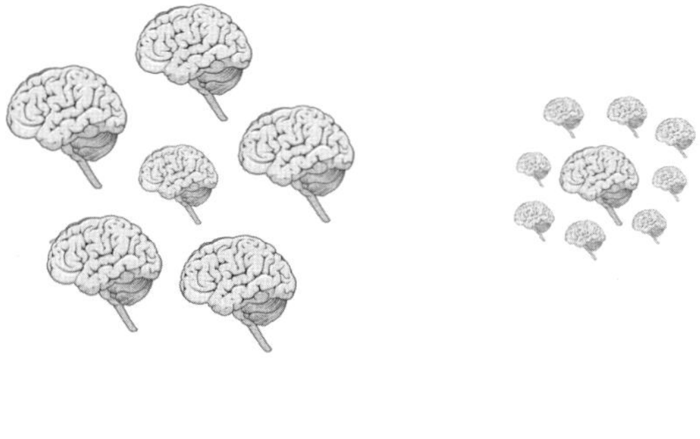

的，因為我們很少可以得知事情所有的資訊，我們只處理我們看到的。就像盲人摸象這個古老的寓言：每個盲人都只摸到大象的一小部分，所以他們對這個生物的說詞皆有不同。第一位盲人摸到象鼻，說這是一條蛇；第二位盲人摸到象牙，說這是一支矛；第三位摸到大象的身體，說這是一堵牆。下判斷時，我們都會受限自身經驗，這就是為什麼我們每一個人的事實都很主觀，但就是沒有辦法縱覽全局。

快樂做為一種心理狀態，是完全主觀且任人解釋的。我們衡量自己快樂與否，往往取決於比較的對象。我比鄰居還快樂嗎？我比馬斯克（Elon Musk）快樂嗎？這種判斷過程甚至可以與自己的不同版本比較。我現在有比青少年時期快樂嗎？今天的我有比昨天的我還快樂嗎？要記得的重點是，我們是在下判斷，我們下判斷的方式是「比較」，而我們做的這些比較，就會決定我們的判斷。

這不是說每一場比較都是在浪費時間，世界上有很多客觀事實會影響到我們的幸福感，如社會地位、薪水、債務、分數、健康狀況等。但「衡量」這些客觀事實就是一種主觀的行為，尤其是衡量這些客觀事實對心理狀態影響有多大的時候。如果你問大家，有什麼會讓他們快樂，那財富、好工作、名聲、性愛、充滿愛的關係、奢侈品、火辣身材通常都會名列前茅。這些是大家想要的，其中有些能滿足自古以來的生存需求，大多數都能帶來愉悅，有些則能提升社會地位。大家會把某些欲望排在比較前面，但這些欲望都有一個根本的問題：得到時並沒有想像中快樂。這是正向心理學運動的一個核心主張：許多我們追求的目標，如物質享受與名聲，並不能保證長久的快樂。

人的判斷真的會這麼偏差嗎？整體來說，我們的大腦善於解讀這個世界，提供對我們有價值的資訊，大腦做這件事非常有效率，且提供的資訊也很適合我們，但是，**人類大腦內建扭曲事實的功能，我跟同事把這種特質稱為「心思蟲」（mindbugs）**[1]。**心思蟲不一定是缺陷，因為這是為了提高處理資訊的效率而演**

**化得來，但這種功能的確讓我們頻頻出包。**經歷艾賓豪斯錯覺時，我們的大腦自動比較周遭的物體尺寸，用相對性來判斷目標物的絕對尺寸。這就是心思蟲的例子，讓我們看到大腦就是透過不斷比較來運作，也提醒我們生存在愛比較的眾大腦之中，每一顆大腦都是以扭曲現實的方式運作。如果你因為過於自我中心，很難聽進他人觀點，那這些比較就會變得更加扭曲，但會不會你其實不了解自己的心智運作方式呢？會不會你以為做了就能快樂的決定，其實是錯的呢？在這一課，我想探索我們是怎麼誤解自己對快樂的判斷，以及我們可以怎麼辦。

## 大腦天生就愛比較

你擁有的每一個想法、情緒、信念、欲望，在大腦中都是一大群一大群的神經細胞攜手運作產生出的心智經歷。每一場戲、每一首詩、每一本書、每一首歌、每一部鉅作、每一個由柏拉圖（Plato）、莎士比亞（William Shakespeare）、艾蜜莉・勃朗特（Emily Brontë）、瑪莉・居禮（Marie Curie）、球王比利（Pelé）等天才想到的偉大想法或美好目標，都是由構成大腦的神經網絡傳遞一波波電化學活動而開始的。

這些又稱神經元（neuron）的神經細胞彼此透過神經脈衝（impulse）或尖峰（spike）來溝通，這就是大腦的語言。厲害的是，所有神經元基本的運作方式就是「比較」。我們的想法和行動只有在比較到一定程度時才會傳遞，神經元其實就像個開關，要等神經網絡中跟它連結的其他神經元傳送足夠的訊號，開關才會打開。當一個神經元（我們先稱它「羅妮」吧）處於休息狀態時，它會收到一串穩定發送的訊號，是其他神經元在跟它說「嗨，鄰居羅妮，我們還在這喔」之類的訊息，只是保持聯絡而已。如果沒有提醒，細胞之間就會失去聯繫，逐漸凋零。不過，如果有事發生，不管是外在還是內在，都會激發神經反應，彼此聯繫的神經元便會開始行動。就像排成一列、準備傾倒的骨牌一樣，訊息會透過神經網絡激發神經元的模式一個傳一個來遞送，直到傳到羅妮這裡。但是，除非收到的資訊有到達一個「臨界閾值」（critical threshold），否則羅妮不會將資訊往下傳給它連接的神經網路，如下圖所示（圖3.2）。

休息狀態下，神經元會接收穩定的訊號輸入，直到一波尖峰放電（spike activity）到達閾值，激發細胞發送自己的訊號到其連結的網絡。

當羅妮需要回應時，它會釋放一種大腦

圖 3.2

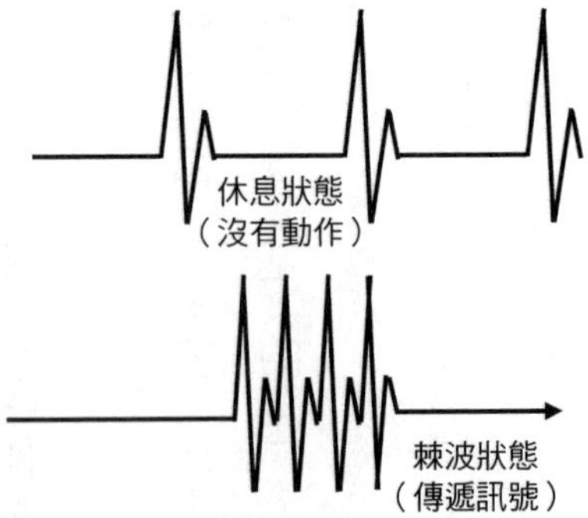


神經活動示意圖

的化學物質叫做神經傳導物質（neurotransmitters），神經傳導物質會在羅妮連結的神經元身上啟動一系列連鎖反應，如此一來，訊息便可以穿梭在大腦不同的網絡之間，而這些就掌控著我們的感覺、知覺、行動、想法與情感，也就是我們的心智活動。

羅妮發送訊號之後，就會回到休息狀態，等待下一次大事來臨。這就是大腦運作的基本機制：留意世界變化並起身反應。比較資訊：現在進來的這個訊號與之前的一樣嗎？如果不是，那又是哪裡不一樣？注意到灌木叢裡是否有沙沙聲或其他突發聲響很重要，因為這些聲響可能代表隱藏在樹叢中的掠食者，或家裡有人入侵，需要你即刻反應。如果改變沒有被注意到，情況通常就不太危及性命。

如果「比較」是大腦運作的基本機制，那「比較」這種機制一路延伸往上成為神經系統的運作機制，也就不足為奇了。我們會比較嘴裡的食物是否與剛吃過的味道一樣；疼痛是比較緩和還是更為劇烈，取決於先前經歷過的痛苦而定。

從感受到感知，從想法到行動，我們一直都在比較，以相對值來做出判斷。我們的社會地位也是一樣。大腦習於不斷與他人比較，而且就如同我們在上一課學到的，我們的自我感是在童年透過與他人的關係形成。我們想有歸屬感、想被喜歡、想擁有社會地位，這些都取決於我們怎麼與他人比較。同樣的，這些也都是引領我們行事與做決定的動機，放諸四海皆準，但問題在於，我們與他人做的比較常常會得出錯誤的結論，我們來看看為什麼會這樣。

## 經驗是捷徑，也是陷阱

康納曼與心理學家同事阿摩司・特沃斯基（Amos Tversky）花費數十年，證明**人腦對世界萬物做出推論時，會使用捷徑和經驗法則（rules of thumb）**[2]。**這些捷徑，也稱為「捷思」（heuristics），可以節省決策的時間與精力，通常也能**

**對世界做出正確的估測**。例如，我請你想一隻寵物，你通常會想到狗或貓，不太可能會想到驢子、豬或山羊，更不可能想到蜘蛛或蛇。很多動物都可以當寵物，但最常見的是貓和狗。捷思法會選擇最能代表「寵物」這個分類的選項。在這個例子中，這種「代表性捷思法」（representative heuristic）沒有問題，但捷思法卻可能會讓我們出錯。例如，試試看解釋以下情境：

一對父子遇上車禍，父親身亡，兒子重傷。父親在車禍現場即宣告死亡，遺體被送往當地殯儀館；兒子則被救護車送往附近醫院急診室搶救。外科醫生趕至急診室，看到傷患時大叫出聲：「我的天啊，這是我兒子！」

如果你跟百分之四十的受試者一樣都被難倒，那你想的可能是：爸爸已經死掉了，怎麼可能還幫兒子動手術[3]？很明顯，該情境中的外科醫生不是爸爸，而是媽媽。世界上也有女性外科醫師，但當我們一般想到外科醫師時，女性並不是刻板印象中具代表性的外科醫師。在這個例子中，我們的經驗法則就讓我們失敗了。

用比較來估計我們的心理狀態時，我們會用上所有的捷思法，但這些捷思法可能會有缺陷，用的還是不正確的刻板印象。我們都聽過離婚是很糟糕的事，有了孩子則是世界上最美好的事。這兩點對大多數人來說或許為真，但不是所有人都這樣。有些人會覺得離婚是種福氣，生孩子不見得是好事，不過這些人並非大多數，或至少大眾以為這些人並非多數。這個現象會造成一種偏見，以為事情一直都是這樣（只要離婚就是不好），且影響力很大（離婚會讓人一蹶不振）。事實並非如此，我們會在下一課講到負面事件時深入探討。

另一隻心思蟲是**「便利性偏誤」（availability bias），即傾向使用最容易浮上心頭的例子來比較。當我們可以快速視覺化或想像某事物時，就會比較容易高**

**估稀有、低估常見**。例如，大家都怕鯊魚和飛機，沒那麼怕蜜蜂和汽車。但事實是，蜜蜂和汽車比鯊魚和飛機還危險得多，因為鯊魚攻擊和飛機失事很少見，只是發生的時候很嚴重，還會登上頭版頭條，因此比較容易出現在我們的腦袋裡。另一個例子出自康納曼的《快思慢想》[4]：你覺得用K開頭的英文單字比較多，還是第三個字母是K的英文單字比較多？讀到這個問題時，通常會馬上想到「好心」（kind）、「親吻」（kiss）、「小孩」（kid）、「腿踢」（kick）這些字，所以大多數人都覺得K開頭的英文單字比第三個字母是K的英文單字還多。事實是，在最常用的單字裡面，第三個字母是K的單字，數量是K開頭單字的兩倍。但由於K開頭的字母比較容易聯想，第三個字母是K的單字比較難想到，所以大多數人都高估了K開頭字母的數量。

所有偏誤都會影響我們的比較行為，包括只看到我們注意到的（不注意視盲〔attentional blindness〕）、只找尋且偏重能確認自己信念的證據（確認偏誤

〔confirmation bias〕）、用事情發生的結果回頭修正原有的預期（後見之明偏誤〔hindsight bias〕）等。如在第一課裡討論到的，我們對心智活動的經歷就是一系列敘事建構而成，而我們喜歡自己的故事能連貫成理。我們會改寫細節，讓事實符合期待的敘事。從說故事的角度來看，我們只在意某些細節，忽略其他；我們會有期待，並以先前的經驗來預測未來會發生的事，但這些經驗都是用扭曲或錯誤的方式記得。即便是像贏得奧運獎牌這種最為印象深刻、對人生影響最大的事件，也會受到心思蟲和捷思法影響。

## 與別人相比，要宏觀

請想像：這是屬於你的榮耀時刻，你站在領獎台上，看著自己國家的國旗在奧運觀眾的歡呼聲中往上升起。這些年的忍耐、痛苦與奉獻終於值得了，因為在這場世上最重要的體育盛事中，你的成功獲得眾人認可。但是，並不是所有得獎者都這麼快樂。一份頗具影響力的研究，分析一九九二年巴塞隆納（Barcelona）奧運得獎者後發現，銀牌選手對自己的成功特別不滿意[5]。研究者觀看奧運影片，發現在：一、宣布獎落誰家與二、真正頒獎的這兩個時間點中，最快樂的都是金牌和銅牌得主，而銀牌得主的微笑和肢體語言則透露出他們最不開心，尤其如果銅牌得主原本不期待自己會奪牌，而銀牌得主有金牌夢的話，就更是如此。這就像現實生活版的艾賓豪斯錯覺，銀牌得主拿自己和成就更高的金牌選手比，想著「如果是我就好了」，而不是跟銅牌選手比；沒有預期自己會站上領獎台的銅牌選手，則是把自己的成就跟其他一面獎牌都沒有的選手比。

奧運得獎應該可以當做衡量表現的客觀指標，但我們對於得獎的反應顯示其中仍有主觀因素。現在請想像，如果你比的是成功人生或人際關係這種更難定義的事情，出的問題會有多大。人生成功不像奧運表現有速度、秒數、重量、距離這些客觀指標可以測量，而是有較高的主觀程度。

我們在思考成功或失敗時，是跟誰比？不管是哪一方面的成功，似乎都有人表現得比我們好。我們通常會拿與自己最像的人來比，但即使是這樣，我們仍是自主選擇比較的對象。你是不是會與好友比較人際關係，但與公司經理比較自己的專業表現？然而我們很少摸透他人的生活，所以我們會自己假設。問題是，如果你每方面都選不一樣的人來比，那最後你會發現，一定有人比你強。而且，即便是你覺得客觀上很成功的人，他們也會找其他更成功的人來與自己比較。這就是過度自我中心產生的問題。由於你是自己注意力的焦點，你拿自己與別人比，看不到別人之間也在互相比較。如果我拿自己與頂尖學者、運動員、商人、演員、名人，或任何在大眾文化中顯眼容易想得到的人比，我就會覺得自己不如人；我沒有看到的是，在這些類別裡的每一個人也都會覺得自己不如人，看他們怎麼比。當然，成功的人也會有各種問題，只是我們沒有看到。沒有人的生活是完美的。我們比較時看到的，就只有某個人在某方面的表現比我們突出，可能是成就、能力、長相、人緣等。

這也不是說完全都不要比較。競爭激勵我們發揮潛能，所以競爭可以是件好事。一八九八年有一份早期的社會心理學實驗論文出版，研究者諾曼·崔普雷特（Norman Triplett）對單車競賽的熱忱早於眾人，他發現自行車選手與人競賽時，速度會比獨自計時騎車來得快[6]。為了測試競爭的影響，崔普雷特設計一項實驗，請兒童操作裝置，捲動釣竿來釣愈多魚愈好。崔普雷特觀察兒童的表現，發現比起自己玩，有其他孩子在場的時候，兒童釣魚的速度更快。這個現象叫做社會助長（social facilitation），不只人類有，動物也會有這樣的行為。有其他同伴在場時，動物會跑更快、吃更快、表現更好。

**社會助長會提升表現，是因為有實體的對手出現，等於有了目標可以瞄準和達成**。不過，即使只有一位觀眾在場，我們也能表現得更好。如果我們用的是他人中心視角，那我們就能從團隊力量中得利。成功的時候，我們可能無法全攬功勞，但優點是失敗也不是獨自承擔，所以兩相抵銷。單飛和團體表現的動態很複雜，每一個好教練都知道。

然而，如果社會助長要有用，你得覺得自己有能力、有自信才行，因為觀眾也可能把你的表現拉低，緊張到拿不出好表現，這種現象叫做壓力下失常（choking）[7]。這時表演焦慮（performance anxiety）會幫倒忙，是我們的「戰或逃反應」過度活躍的結果。世界盃決賽罰球時，負責罰球的不一定要是技巧最好的球員，而是能在高壓之下最能穩住的球員。

雖然我們會做出「把自己與名人或成功人士比較」這種有疑慮的行為，但我們通常與別人比較個人特質的時候，會用較為正向的眼光看待自己，也就是說，我們常會覺得自己比他人還優秀，但「整體情況」則不一定比他人好。同樣的，這又是我們心裡的自我中心小孩在作祟。我們在第一課學到，學齡前兒童會誇大自己的特質，因為他們沒有辦法用較為精準的方式比較，也沒有這類的經驗；身為大人，我們也許較為謙虛，但大多仍會覺得自己太重要。我們大多數人都覺得自己的智力、幽默感、長相、值得信賴的程度和道德都在平均之上，這些還只是幾個我們腦中擁有的正面錯覺而已，而且這些錯覺讓我們感到快樂[8]。當然，以統計學來說，每個人都在平庸之上是不可能的。

更糟糕的是，我們還覺得其他人比我們更有偏見，自己則比他人更公正客觀。「你可能『以為』你在平庸之上，但我『知道』我就是在平庸之上！」以此來捍衛我們脆弱的自尊心，但有一個地方是我們會一直低估自己的，那就是我們有多幸運。我們總覺得生活待己不公，是因為我們相信自己優於常人，而這些能力沒有受到他人賞識或認可。二〇二二年一項針對兩千名美國工作者的調查發現，有百分之六十三的受訪者覺得自己不被賞識，也有差不多比例的人（百分之五十九）說他們從來沒遇到一個欣賞他們能力的老闆[9]。這又是自我中心惹的禍。我們很少用客觀的角度，來看待我們相對於更不幸的人來說是多麼幸運。**我們總是貶低或憎恨他人擁有的成功，因而引發了過度活躍的自尊常帶來的盟友：羨慕與嫉妒。**

## 以群體相比，求常態

財富常讓嫉妒萌生。我的學生與我皆猜測對大多數人而言，錢是很重要的目標，但令人驚訝的是，決定你是否快樂的，並不是你真的得到多少錢，而是比較之下的有錢。一九九五年的一項研究中，受試者為兩百五十七位哈佛大學教職員生，他們得從兩種假想的薪水範圍中選擇[10]：自己賺五萬美元、同事賺兩萬五千美元的工作；還是自己賺十萬美元、同事賺二十五萬美元的工作？超過半數（百分之五十六）的受試者都想選第一份工作，即便他們只會賺到第二份工作的一半。雖然這項調查的數據離代表多數人仍有差距，但有超過一半的人願意放棄客觀較高的薪資，選擇相對之下較高的薪資，這點還是很令人意外。居住條件也是一樣的原理。只要是這條街上最大的房子，就算是和其他地方比起來較小間的房子，人們也願意接受。

美國經濟學家羅伯・法蘭克（Rober Frank）在《選對池塘》（*Choosing the Right Pond*）中，用跟書名一樣的名稱「選對池塘」來形容這種相對比較的偏誤，因為我們覺得當小池塘的大青蛙，比當大池塘的小青蛙還要好[11]。這種做法的問題在於，你要怎麼估量池塘有多大？大家都知道，我們精準預測自己跟他人的比較能力非常差。大多數人都相信，他人沒有看到我們的價值。一項研究調查一間大型軟體公司超過七萬一千名的員工發現，有三分之二（百分之六十四）的受訪者認為他們的薪水不夠高，就算他們的薪水符合行情也一樣[12]；而薪水高於行情的員工中，只有五分之一（百分之二十一）承認他們的薪水的確不錯。這樣的差異會造成第二個問題：相信自己薪水不夠高的員工上班不開心，因而比較有可能會找新的工作。有趣的是，如果每個人都將薪資公開，這樣的不滿就會消失，這表示我們的「想像」比「現實」在滿不滿意這件事上更有影響力，因為我們對他人薪水的想像總是大錯特錯。

**如果比較決定了我們是否快樂，那假設環境會影響感知也合情合理，這表示如果「擁有的」和「沒有的」之間差異沒那麼明顯，我們就會比較幸福。**大家都知道，失業和不良的心理健康狀態有關，但這取決於你是不是住在失業率高的地區。如果我們來觀察英國以郵遞區號分區的心理健康狀態與經濟狀況，最不快樂的人是住在高就業率的失業者[13]。如果身邊每個人都過得很好，你就會覺得自己不如人；但如果你失業了，而在你住的地區，失業是常態，那麼你的心理健康就會好得多，因為每個人的狀況都一樣，所以相較之下，你不覺得自己比較差。不過，很意外的是，比起在高失業率地區有工作的人，你還是比較開心一些。為什麼會這樣？這個現象不太直覺，但大家都失業的時候，你有工作，並不會讓你更快樂。我們也許很自我中心，但我們仍會想要大家接受我們，即使我們過得比較好也一樣。你比較的對象也解釋了為什麼失業者到達退休年齡時，即便客觀的生活水準並沒有變化，他們的快樂程度也還是大幅提升[14]。箇中原因是，此時失業不再違反「人人都要工作」的社會規範，且退休時，大多數跟你同齡的人都一樣沒有工作，所以你的滿足感就會提升。

## 標準一改，心情就翻盤

誰比較常跑趴，是你還是其他人？如果你與大多數的正常人一樣，你就會說，你不像其他人一樣跑那麼多派對。這是我們的自我概念在執行比較時的另一個盲點，錯估自己社交生活的豐富程度。我們大多數人在比較之下都會覺得寂寞，而就如我們已經知道的，寂寞是一種可能不利於健康的社交狀況。根據二〇二二年英國國家統計局的資料，只有百分之二十（五分之一）的人說他們不曾感到寂寞[15]。雖然說真實的社交孤立情形的確會致病，但重點是「感覺」自己很寂寞也會影響抵抗力。也許你人緣很好，社交圈很大，但你還是可能會覺得寂寞，而這就會對生理和心理健康造成影響，由於我們比較的時候常與事實不符，所以我們對自己寂寞程度的猜測總是會扭曲。一項研究詢問受試者剛才提到的派對問題，另外也問了出門吃飯、有多少朋友、擴大社交圈、與家人互動程度等問題[16]。從平均結果來看，受試者都相信自己去的派對比他人少、有的朋友比他人少、社交圈比較小、出門吃飯的頻率也比別人低。

就跟我們以為自己比一般人還聰明一樣，事實上，不會每個人的社交狀況都比平均值還低。那為什麼會有這種扭曲的認知呢？因為人在比較一個模糊的概念時，會用最容易想像得到的概念來應對，在這裡的例子就是想像「人緣很好的人」是什麼樣子。這就跟前面的鯊魚問題一樣。大家會想像一位派對動物，也許是一位社會名流，很樂意且積極的跟我們說他的社交圈有多大。這樣比下來，我們大多數人都會顯得不太常社交，形成一種「定錨」（anchoring）的問題，因為我們做了錯誤的比較，用第一個浮現在腦中且不切實際的模範來想像我們的社交情形。

**因比較而產生的推理行為中，定錨是一個眾所周知的心思蟲。當人腦需要估量或預測時，會先定一個數值或起點，再從這裡開始調整。**比如說，如果你請一些人不用計算機算乘法，那先說的數字就會影響到他們的計算。如果你問的算式是「八乘七乘六乘五乘四乘三乘二乘一」，得到的平均數會是兩千兩百五十；如果你是反過來問「一乘二乘三乘四乘五乘六乘七乘八」等於多少，那得到的答案只有五百一十二。當然，這兩個算式一模一樣，而且兩個答案也都跟真正的答案差很多，正確答案多很多，是四萬三百二十。有這樣的差異是因為第一個問法的起點是定錨在八乘七，第二個問法的起點則是定錨在一乘二，所以第一個問法估出來的數字就大得多。

定錨也是大多數人在餐廳吃飯時選擇中價位酒款的原因。酒單上最貴的酒的價格，會決定最後大家選哪一支酒。買東西的時候，我們也可能會選擇比建議售價低很多的商品，因為這表示買這個很划算，即便這種降價其實只是定錨策略也一樣。例如，建議售價只是建議而已，所以當零售商訂出比建議售價還低的價格，顧客就會以為很划算。如果是通常會討價還價的交易，如買新車，那零售商就會把價格調得比建議售價還高，這樣顧客殺價時，才會覺得自己有爭取到比較便宜的價格。同樣的，這裡的重點是，我們比較得來的判斷總是帶著滿滿的主觀偏誤，這在我們思考自己有多幸福時，就會產生很大的影響。

**如果我們在比較和評價自己的社交生活時，定錨效應總是揮之不去，進而讓我們低估自己的社交生活，那我們應該可以透過重新定錨來扭轉這個狀態。**為了驗證這個假說，在前面的那場派對調查之後，出現了另一份研究，請一組受試者把自己與社交特別活躍的人比較，並請另一組受試者把自己與社交特別不活躍的人比較。在這兩個截然不同的情境中，第一組受試者就跟第一項研究的結果一樣，因為與派對動物比較，所以覺得自己不如人；但是，第二組受試者雖然問題一樣，但比較的對象是寂寞的人，最後結果認為自己社交生活狀況糟糕的人變少了。綜合這兩個情境可以發現，沒有特別引導的時候，我們就會與奧運銀牌選手一樣往上比，自然而然想到那些比我們好的對象，因而覺得自己不如別人。但是，如果我們收到提醒，要更以他人為中心，或至少要意識到有狀況不如我們的人存在，我們的觀點就會拓寬，變得更切合實際情況，就可以變得像是銅牌選手一樣，在人生的頒獎台上心滿意足。

現在，我們可以利用我們對比較和定錨心思蟲的理解，來發展出一個快樂小撇步，而這個技巧，我們大多數人應該都很熟了。「感恩」是我們注意到生活中正向事物並予以感謝的行為。我們可以感恩幫助我們的人，感謝日常生活微小的快樂，或者單純感恩自己活著。羅馬哲學家西塞羅（Cicero）談感恩：「不只是最崇高的美德，也是所有品德的起源。」因為**感恩會讓人專注在生活中正向的事，不著眼於負面的事，所以能愈過愈快樂**。我們可以感恩同事、伴侶、重要他人。對他人感恩可以強化我們的社交連結，也可以提醒我們的成就和自我價值，因為我們天生就會認可適當的社交比較行為。而感恩也會反過來激勵我們去幫助或支持他人。再來，是我們心懷感恩的時候也沒有辦法生成嫉妒，因而我們的社交比較行為會較為正面。練習感恩時，我們會被迫找出自己幸運的地方，讓我們與比較不幸的人比較，向下比較就會讓我們意識到自己有多幸運，就不會那麼執著在自己缺少的。最後一點是，感恩也提醒我們要知足，而知足則可以幫助我們打敗另一隻名為「適應」的心思蟲，我們下一節就會講到。

## 「追著快樂跑」的壞習慣

如果我們的神經元朋友羅妮和它的夥伴不斷收到重複的訊號，它們終究會習慣，這就叫做「適應」（adaptation）。適應有很多原因。第一，一直回應重複的訊號很消耗代謝能量，因為每一次神經脈衝都需要耗費能量。就如我們先前提到的，大腦需耗費很多代謝產生的能量，只占體重百分之二的大腦，卻會消耗百分之二十每日人體所攝取的能量。第二，沒有變化的訊號無法提供任何新資訊，因為它就跟平常的訊號一樣。第三，要偵測新的資訊，就必須先回到休息狀態，有變化才能接收到。

知覺有很多顯而易見的適應範例。如果外頭陽光普照，你從外面進到黑暗的房間，一開始會看不清楚，這是因為在外頭明亮的地方，眼睛的受體會調整到一樣的亮度，所以當你進到黑暗的房間時，就要重新適應較低亮度的空間，才可以看清眼前有什麼。此時如果你又再次走回戶外，眼睛就會被外頭的光線亮到看不清楚，因為你的眼睛已經適應了昏暗的光線。這個眼睛受體的概念，也是神經元編碼時所經歷的概念。無論是聆聽同一首歌、聽同一個故事、吃一樣的食物，我們每天都在適應各種事物。我們的大腦很快就學會習慣，問題是我們很少想到，適應會大幅淡化我們未來的快樂。肚子餓想攝取卡路里時，你可能會買特大號的桶裝冰淇淋。你邊想著冰淇淋邊流口水，想著你會享受每一口冰淇淋到最後，但結果是吃了幾口你就膩了，不想再吃了。人的所有體驗都受制於適應，因為大腦偵測的是體驗中有變化的部分，而非固定的部分。想像一下，如果你永遠不會習慣任何體驗，你的世界會變成怎樣？你的大腦很快就會因為充斥著吵雜的資訊噪音而超出負荷。

花點時間靜下來觀察自己當下的體驗，一開始可以試著注意腳底與地板接觸的重力，或椅背的硬度。可以感受到衣服與身體接觸的感覺嗎？可以感覺到舌頭在口中的重量嗎？聽得到外界所有的聲音嗎？可以聞到什麼味道？

等你逐漸意識到平常沒注意到的感官體驗，就可以清楚發現，你習以為常的事情多的是。而這還只是進到你大腦中的感官體驗而已，想像一下，還要加上今天所有的想法、待辦事項、其他需要關注的想法等，你的大腦會有多滿。顯然，你不會想要每一件事都照顧到，不然很快就會超出負荷，什麼事都做不了。我們通常就是透過適應和注意力，來處理這類感官和超出負荷的心智資訊，但決定你的快樂的，是你的專注力所在。

**如果你想從活動或體驗中得到最大的快樂，就要將自己的專注力放在正向的事物上。「品味」（savouring）是一種心理學小技巧，可以讓你從愉悅的體驗中感受到最大的快樂。**我們往往太匆忙，因而沒有注意到、也無法享受那些大腦已經習慣的愉悅體驗。食物就是個很好的例子。想恢復以往吃東西的愉快體驗，可以花點時間，把注意力放在食物的微小細節上，例如味道或口感，細細品味這次的飲食體驗，時間拉得愈長愈好。放慢速度，每一口都細心品嘗。

但**由於我們的大腦一直不斷比較與適應，所以我們總是難以得到長久的快樂。有了開心的感受，又很快就習慣了，最終導致我們不斷追尋快樂，這個行為又稱為「享樂跑步機」（hedonic treadmill）**[17]。「享樂」表示我們不斷追求快樂，而「跑步機」則表示不管我們得到多少，終究無法抵達那個滿意的終點。

好消息是，享樂跑步機兩個方向都通。發明享樂跑步機這個名詞的心理學家菲利普．布里克曼（Philip Brickman）做了一項後來成為經典的研究[18]。他領導的團隊分析了樂透得主和事故癱瘓受害者的快樂程度，發現這些影響一生的大事，因為適應的關係，對當事人長期幸福感的影響卻相對小。我們大多數人都會買樂透，也害怕癱瘓，而這個結果對我們大多數人來說都很吃驚。布里克曼也許低估了中樂透帶來的影響（中樂透的確可能讓你更快樂，尤其是需要錢的時候），但在這種攸關人生的大事對我們長久快樂的影響力不如預期這點上，他說對了[19]。永久癱瘓造成的負面影響也沒我們想像的嚴重。例如，一項針對兩百三十一位脊髓損傷患者所做的調查發現，大多數受訪者都表示自己大部分時間都很快樂，只有百分之十認為自己快樂的頻率不高，或完全不覺得快樂[20]。長期失能的患者也表示，他們生活品質其實比大眾預期的還要好很多[21]。為什麼會這樣？

## 沒那麼慘，也沒那麼美好

跟我同行的心理學家丹．吉爾伯特（Dan Gilbert）在他的暢銷著作《幸福的盲區》（*Stumbling on Happiness*）裡指出，我們通常很懂自己做什麼事會幸福（美食、好工作、好伴侶）、什麼又會讓我們不幸福（飢餓、爛工作、分手），但如果要我們猜這些事情會讓我們多幸福或多不幸福，以及這些感受會延續多長的時間，預測的結果通常慘不忍睹[22]。吉爾伯特稱這種現象為「情感性預測」（affective forecasting），也就是預測未來感受的能力[23]。你可以挑任一個正向或負面的情境或事件，請人預測這個事件的影響會有多大、持續多久；如果你遇到有人真的經歷過這類影響一生的事件，你可以問他們這些事件對他們的影響有多大、持續時間多久，事件本身並不重要。如果比較預測的答案和真實的經驗，會發現通常兩者對不起來。人們通常會高估事件帶來的影響與影響持續的時間，尤其是如果這件事是負面的更是如此，我們會在後面的課堂深入探討。

一項研究詢問兩週後要考試的學生：「假設最後考出來的分數比預期還低，成績出來的一週後，你覺得自己會有多快樂？」[24]接著請學生預測如果得到預期中和比預期高的分數，會有什麼樣的感受。調查結果發現，普遍而言，學生認為得到預期中或高於預期的分數，會覺得開心，考出比預料中還低的分數則會不高興。等真的考完試、成績也出來之後，研究者發現，無論分數有無符合學生預期，這些看完成績的考生，每個人的快樂程度都一樣。

說不定是學生經歷的失敗經驗不夠，才沒有辦法精準預測失敗帶來的影響有多少。如果如此，那你可能會覺得，屢戰屢敗的人應該會對自己即將迎來的感受更有心理準備。比如說，不到一半的汽車駕照考生可以考一次就拿到駕照。駕照考試應該可以給你足夠的經驗，來精準預測自己如果下一次過或沒過，會有什麼樣的反應。一項研究調查了每考必敗的駕照考生，發現他們考了很多次之後，對自己會有什麼感受的預測都不會改變[25]。這些不斷失敗的考生會高估自己失望持續的時間，但這樣的預測並沒有隨著失敗次數增加而改變。這個模式放在失敗一次跟超過四次的駕照考生身上仍然一模一樣。關於情緒，我們沒有辦法立即從經驗中學習。

害怕失敗是今日教育體制中極需解決的問題。我在我指導的大學學生身上不斷見到這個現象，學生對失敗的焦慮嚴重到把自己擔心出病來。不管我多努力告訴他們，長遠來看，成績無論如何都不會比想像中糟，但他們的焦慮還是沒有消停的跡象。更令我憂心的是，學生的焦慮也不只是害怕失敗而已，愈來愈多是想追求高分，因為覺得只要低於班上平均就是不合格。

**失敗是很重要的學習體驗，大家都低估了這點。失敗不僅教導我們謙卑，也讓我們看見自己多有決心、多不想放棄。**為了展現這點，我與學生做了一項練習。我問他們有誰想當創業家，通常會有非常多學生舉手，因為這個年紀的學生很多都想追求財富自由。我接著解釋，大多數企業都需要創業投資公司挹注資金，要得到資金，通常就要向投資者簡報，介紹你的新創公司。我問學生：「如果你是投資人，有兩個創業計畫都很吸引你，那你會投資哪一個？是從沒失敗過的成功創業家，還是不斷遭遇挫折的創業家？」大部分學生都會選成功創業家，因為他們預測這些創業家有成功創立公司的經驗，但學生後來得知，幾乎所有企業在頭兩年都一定會失敗。身為投資者，肯定想支持的是擁有毅力和經驗以應付未來挑戰的創業家。如果你在開新創公司的路上很幸運，都一帆風順，那你就沒有接受考驗的機會；但如果你能撐過失敗低谷，拍拍身上灰塵東山再起，就表示你有創業必備的韌性，能迎接生命必然擲出的曲球。也許這樣的經驗說明了，為什麼有創業投資公司支持的創業家在挺過最初階段的挫敗之後，事業便會開始飛速成長[26]。

我們是可以從失敗中汲取正向經驗的。試做看看這個練習：**寫出生命中的失敗經驗**，也許是考試考差、工作不順、人際關係觸礁，我們每個人都曾在生命的某個時候遭受某種挫折。分享失敗經驗是面試時很常問的問題，因為面試官可以從中看出面試者是否具有重要的能力，如謙卑、韌性、學習能力。接下來，**寫下失敗經驗中好的地方**，如果沒有失敗就不會發生的事情。你應該能找到一些因為失敗了才有可能得到的機會，也許是職涯轉向或遇到現在的伴侶。這個練習讓我們學到，我們有能力克服逆境、所有事情都會隨著時間過去，我們也能藉著這個練習把眼光放遠，而這是在我們以為自己世界崩毀時往往缺乏的觀點。

## 比較當下，別忘了還有未來

為什麼我們精準預測的能力這麼差？「適應」這隻心思蟲是很大的因素，但還有一個比較不明顯、甚至我們不太會意識到的原因。下列是一個控制思想的例子（圖3.3）。請在圖3.3中的撲克牌中隨意選一張。你也許不信，但我會在你選擇哪一張牌之前影響你的決定。你會選哪一張？慢慢來，但選好之後，就專心在那張牌上，記好是哪一張牌之後，再繼續閱讀。

圖 3.3

選一張牌，哪一張都行

雖然你覺得是自主選牌，但我其實左右了你的決定，而且我現在要移除你選的那張牌。請看下面的牌（圖3.4），你會發現你選的那張已經不見了。

請繼續讀下去來揭曉答案。我會讀心術嗎？還是我是操控你思考的壞人？是就好了。在你思索片刻或直接回頭檢查之後，你會發現，不只你的牌不見了，是剛才所有的牌都不見了！

被這個騙倒的人多到不可置信。魔術靠的是心理學還有對我們注意力機制的理解，我們專心的時候不會注意到其他事情。魔術師和扒手都是刻意操縱我們的注意力，讓我們注意某事，同時他們暗自藏隻兔子或偷走我們的物品。我們被誤導的現象，展現出注

圖 3.4

你選的牌神奇的消失了

意力有其局限，但即便沒有被惡意操縱，我們仍舊沒有辦法關注所有正在發生的事，這就會造成「定錨效應」（focalism），也就是我們只專注在我們專注的事情上。

**定錨效應是影響情感性預測的一個因素。當我們猜想某件事影響未來的程度時，就會將注意力放在事情本身，完全沒考慮到未來可能有變化而減緩其影響的事情**[27]。我們可能會想像癱瘓是多麼可怕，因為我們將重點放在四肢健全的人能做的所有事情，而無法做到、也難以想像有什麼可以彌補這樣的損失[28]。定錨效應也蒙蔽了我們的思考，讓我們想不到生命重要事件可能會有什麼無可預料的結局。再想看看中樂透的例子。沒錯，中樂透可以解決許多經濟上的煩惱，但突然拿到一大筆錢也可能會帶來負面影響[29]，比如說，有了錢，你就會改變行為，開始養成抽菸喝酒等不健康的壞習慣。有個臭名昭著的例子是十九歲的英國樂透得主麥可・卡洛（Michael Carroll），他把自己中的九百七十萬英鎊（約合新台幣三億九千八百萬元）都拿去喝酒、吸毒、嫖妓，最終落得離婚和一貧如洗的下場（他的妻子在他的財富耗盡之後又馬上與他復婚）。中樂透也會改變你身邊的人。荷蘭樂透中獎的獎項是一輛新車，而一項針對荷蘭樂透中獎者的研究發現，中獎者的鄰居買新車的可能性更高，因為他們不想落人後[30]。與鄰居打起社會地位戰可不是什麼敦親睦鄰的好方法。一九八八年，威廉·波斯特（William Post）買賓州樂透（Pennsylvania Lottery）中了一千六百二十萬美元（約合新台幣五億三千萬元）。不久後，他的親兄弟想繼承他的財富，所以就僱了一個職業殺手來殺他。攻擊事件沒有真的發生，但十八年後，波斯特過世，未留下分毫，卻欠了一百萬美元（約合新台幣三千兩百萬元）的債，臨終前僅靠著低收入戶的食物券過活。而他不是唯一因為中樂透而過上悲慘人生的人[31]。

只關注生命的一面，就沒有辦法考量到所有其他讓我們快樂的事情。例如，如果你問學生兩個問題，先問：「你的生活有多快樂？」再問：「你上個月約過幾次會？」那這兩個問題的回答就完全不會有關聯。但是，如果你調換問題的順序，先從約會那題開始，兩題的答覆就會產生強烈的關聯[32]。上個月約會次數多的學生，對自己快樂程度的評價就比約會次數少的人還高。你讓應答者關注（和定錨）在「人氣」這個向度，因而影響接續衡量快樂程度的問題。如果先問應答者婚姻狀況或身體健康再詢問幸福感，也會得到一樣的效果。快樂的程度會改變，是因為大家都不太清楚自己整體上有多快樂，因而容易將重點放在生活的不同層面上。如果只考量任何一個快樂因素造成的影響，就容易誇大這個因素的重要性。

## 從「比到底」到「夠滿意」

有時候，我們太專注在追尋快樂，因而沒有意識到，正是這場追尋的過程和

**對快樂的期待，才是真正推動我們前進的動力**。對很多人來說，期待酬賞的階段就是最幸福的時候，尤其如果你需要「等」才能得到，就更是如此。這點也受到古典學習理論支持，這個理論證明，間歇性給予酬賞會產生更積極的學習行為，因為間歇性酬賞的增強作用頻率不一且難以預測[33]。如果每次馬上就能得到想要的東西，我們會很快適應，進而失去動力。預期酬賞有這麼大的威力，是因為有「多巴胺」（dopamine）這種神經傳導物質輔助，而大眾文化對於多巴胺的稱呼就是「快樂激素」。

多巴胺活躍的區域是大腦產生快感的酬賞中樞，但多巴胺跟一般大眾想像的不同，其實多巴胺並不會帶來快樂。大家在聊可以透過購物或在社群媒體討讚美等活動讓「多巴胺來襲」，好像多巴胺是海洛因或古柯鹼這種神經一樣，但多巴胺並不是這樣運作的。這個迷思可以追溯到一九五〇年代的早期動物實驗，這些研究發現，小鼠會不斷按下壓桿，讓自己大腦的酬賞中樞獲得輕微電擊刺激[34]。小鼠像是對電擊上了癮一般，一小時壓桿的次數高達兩千次。壓桿的行為激發了多巴胺運作所在的大腦中樞，表示多巴胺這個神經傳導物質是「享樂」（hedonia）的基礎，因為動物會為了自我刺激，願意放棄如食物這種基本生存的驅動力[35]。除此之外，難以在生活中感覺快樂的重度憂鬱症患者，腦中多巴胺的濃度也較低[36]，這就是大家認為多巴胺等同快樂或稱為快樂激素的原因[37]。但這個說法的問題是，後續的研究已經證明，大腦多巴胺釋放機制遭剔除的基改小鼠，小鼠的愉悅感或偏好也不會改變[38]。如果你把會產生多巴胺的細胞移除，小鼠吃到食物仍會開心，只是牠們不會起身行動去找吃的。而人體研究則比老鼠實驗更有爭議。一項有違倫理的研究，為了「治療」有同性戀傾向的精神病患者，將電極植入患者腦部深處多巴胺酬賞中樞的區域，此舉增加了按下壓桿的頻率，但並不會帶來愉悅感，純粹只是增加去壓桿的衝動而已[39]。

多巴胺與追尋的關聯較大，與快感本身比較無關。如果做某件事你很享受，那這件事就會跟釋放多巴胺產生關聯，提醒大腦這件事是一個愉快的體驗，你就更有可能再做一次。探討過這個差異的是神經心理學家沃恩．貝爾（Vaughan Bell）[40]，他形容多巴胺是「可以是這樣就好了」解說員，專攻成功事件，但也專攻「就差那麼一點」的事件，這解釋了為什麼賭徒腦袋裡的多巴胺在賭贏和賭輸的時候都一樣活躍[41]。所以多巴胺不可能是快樂激素，除非你喜歡輸的感覺。從多個層面來看，多巴胺與快感或快樂的關係比較小，而是與欲望比較有關聯。

欲望的驅動力十分強大。在馬上得到十美元和等三個月拿三十美元之間，大多數人會選擇立即得到的酬賞，這叫做「延遲折扣」（delayed discounting）。我們通常都會選擇比較快拿到的獎賞，且延遲愈久，我們對這個酬賞的欲望就愈低[42]。下次你覺得擁有某個東西會開心，所以非擁有不可時，你可以問問自己：「我真的現在就需要嗎？還是可以等？」延遲下決定的時間，並觀察你的欲望是否隨著時間消散。你可以用手機設鬧鐘，三十分鐘之後再做決定，也可以想像未來的自己：問自己現在有多想要這個東西，接著想像三個月之後，是不是還會這麼想要這個東西。一種是真的暫停，另一種是用想像來暫停，兩種方法都能讓你停下來思考再做決定。

我們對某事物有欲望，是因為我們相信我們會喜歡自己得到的，而這點會讓我們更加快樂。但是，心理學家丹．吉爾伯特和合作夥伴提摩西．威爾森（Timothy Wilson）發現，我們想要什麼和我們喜歡什麼常常搭不起來[43]。例如，我們想放假，但真的放了才發現並沒有預期中好玩，當然有時候休假會好玩的超乎預期，但吉爾伯特和威爾森認為，對於自己會因為什麼感到快樂，我們總是會猜錯。兩人把這個現象稱為「錯誤渴望」（miswanting）。

**錯誤渴望是另一個情感性預測失敗的例子。有時候我們渴望某事物，以為這能帶給我們快樂，但其實並非如此。**也許錯誤渴望最令人意外的例子是「選擇」。**我們時常錯以為多一點選擇是好事，因為我們想要對自己的生命有更多掌**

**控權，但其實太多選擇反而會適得其反，帶來壓力。**面對三十種果醬或巧克力選項的消費者，與只有六種選擇的消費者相比，更有可能什麼都沒買就離開。如果公司招待員工免費去巴黎旅遊，員工會很開心；如果招待免費去夏威夷，他們也會很開心；但如果你給他們選，不管選哪一個，他們都不會那麼開心。為什麼選擇多會這麼亂？

因為有了選項，我們就被逼著要比較，要找出相對之下誰有什麼缺點。選巴黎的人會抱怨看不到海，選夏威夷的人會抱怨沒有博物館。心理學家貝瑞・史瓦茲（Barry Schwartz）將這種現象稱為**「選擇的暴政」（tyranny of choice），因為太多選擇並不能帶來自由，反而會讓決策行為受限**[44]。史瓦茲認為，多一點選擇會讓人不快樂，因為我們怕自己會做出錯誤的決定，所以我們壓力很大，想全盤做好比較，以做出對的決定，這不僅加深我們對做錯決定的恐懼，也增加我們對自己應該做出最佳決策的期待。做出選擇後，我們又會開始後悔，不知道這個選擇是否就是對的選擇。

根據史瓦茲所述，太多選擇是現今富裕的西方社會愈來愈多人不快樂的原因之一。為了測試這有違直覺的說法，史瓦茲團隊做了一項自陳問卷[45]，上面有一系列與決策有關的敘述，如「我常覺得買禮物給朋友很有難度」、「不管我對工作多滿意，我還是覺得要持續找更好的機會才是對的。」填答者要評分這些敘述是否符合自己，最低是一分，最高是七分（「完全不同意」到「完全同意」）。接著，研究者將填答者分成兩組，比較行為分數最高的這組叫做「比到底」，比較行為分數最低的這組則叫做「夠滿意」，這組只要找到符合自己需求的選擇，就會停止比較的行為。

「比到底」組會花大量的心力想做出正確的決定，如閱讀商標、比價格等，而「夠滿意」組做出決定的速度則快得多。至於對自己選擇的滿意程度，「比到底」組有更高機率對自己買的東西感到後悔和不開心，反芻思考（rumination）

和擔憂的行為也比較多。跟「夠滿意」組相較，「比到底」組比較容易後悔、對生活滿意度較低、相較沒那麼樂觀、也較為憂鬱。原因正是在我們心中，後悔比滿意的分量更重，這在下一堂課會細談。

**如果你覺得做決定很難，那調整自己負面「比到底」心態的最佳方法，可能就是從源頭開始減少選項。找出你的核心需求，設定最多可以比較的選項數量。**比如說，只選五種來比較，把這五個選項從最差排到最好。做完之後，就不要再找其他選項，並從這五個之中做出選擇。如果選完覺得後悔，不是把最終選擇拿來跟清單上第二好的選項相比，而是與最差的選項比較，才會突顯好的地方。

因為大腦愛比較，所以我們會不斷追尋正向目標和正向未來，以讓我們相對之下愈來愈好。我們想要的、追求的、想擁有掌控權的感覺、還有我們做的選擇，都是想要獲得更多的快樂，但以上每一個想法都可能被不同的心思蟲擾亂。也許威力最大的心思蟲，就是我們對負面經歷的偏見，而這也是下一課的主題。

## 快樂小練習

- **寫下生活中感恩的三件事**：感恩時，我們被迫承認並非所有人都像我們這麼幸運，同時讓我們向下比較，藉此避免害我們感到不快樂的向上比較。
- **練習品味，打擊適應傾向**：靜下心來，花點時間，專注在一件事帶給你的愉悅感，如吃飯時細嘗食物的美味與口感。盡可能用各種方式，將注意力放在愉悅的感官體驗。
- **找出生命中失敗的時刻**：認明自己是怎麼克服挫折的，並寫出可能是因為這些失敗經驗才出現的正向結果，而這些是你當時預想不到的。寫下三件你曾失敗但得到意外收穫的事件，以及意外收穫的正向結果，如新的工作機會、新的關係等。
- **記得，想要和喜歡不一樣**：下次想衝動行事時，記得想到這點。做出像是花大錢這種重大決定時，先暫停一下按兵不動，或想像未來你會對自己的選擇有什麼感受。給自己機會思考，這樣你對自己的選擇才會更自在。如果最後還是選錯，至少沒有人會說你太衝動。

改寫思維 2

## 第四課

# 練習樂觀

不是裝沒事，是學會相信會來好事

壞消息總是來得特別快。信箱裡跳出主管的信，立刻擔心是不是出錯了；早上起床頭有點暈，就開始懷疑是不是身體出了什麼大毛病。明明什麼都還沒發生，卻已經在心裡預演了最糟的情節。

這不只是「多想」，更是一種天生的傾向。人類的大腦擅長偵測威脅，習慣優先關注壞的、危險的、不安的事，這種偏誤在遠古時代也許能保命，但在現代生活裡，卻讓我們活得更焦慮、更難快樂。

這一課，我們將探討「負面偏誤」是如何運作的，並學習用具體的方法訓練大腦「看到好的」，而不是老是聚焦在失敗、遺憾和不完美。樂觀，不是盲目正向，而是一種能被練習的習慣，一種對人生更溫柔、更有韌性的觀看方式。

人們對未來總抱著不切實際的期待。二〇一六年，英國國際網路市場調查與數據分析公司YouGov做了一項民意調查，發現美國和英國有百分之六十五到七十的填答者在把所有事情都考慮進去之後，認為這個世界會愈變愈糟，只有百分之四到六的人認為會變好[1]。但情況恰恰相反。數據資料證明，幾乎每個人類身心健康的程度都比以前還要進步許多，個人健康、生活水準、平均餘命在近代都有進步，個人之間的暴力衝突減低，戰爭也減少了[2]。

雖然我們普遍對世界的走向悲觀以待，但講到自己的未來時，大多數人卻抱持樂觀態度。在二〇〇五的一項研究中[3]，研究者給予受試者以下指示：「請想像有一個梯子，最下層是零，最上層是十。梯子頂端代表你可能得到的最佳人生，底端代表最糟的人生。你覺得五年後，自己會站在哪一層？」這個與未來有關的問題，有來自一百四十二個國家超過十五萬人回答，最常見的回覆是在第七層，而全世界的平均值則是六點七，只有辛巴威（Zimbabwe）這個國家的分數低於中位數，也就是五。很明顯，世界各地的人預期自己五年後的未來時，普遍來說都很樂觀。

想像自己遙遠的未來時，樂觀是常態，但就如神經科學家塔利．沙洛特（Tali Sharot）所說的，生活中有些地方我們是太樂觀了[4]，例如婚姻和「從此過著幸福快樂的日子」這種期待。即使統計資料清楚展示，目前英國和美國有百分之四十到五十的婚姻是離婚收場，但許多伴侶卻覺得這種狀況不適用於他們，包括應該很清楚狀況的離婚律師在新婚後也是同樣這樣認為[5]。奧斯卡．王爾德（Oscar Wilde）曾說：「婚姻是想像打敗智慧，二度婚姻是希望打敗經驗。」這樣的樂觀偏誤也解釋了為什麼我們會忽視健康警訊、低估完成工作所需的成本和時間，以為「我們家不可能會被盜」或「不可能遇到車禍」。對大多數人來說，這些未來發生的事似乎都太遙不可及。

人會期待自己擁有更好的未來，這點並不意外。我們的確需要想像更美好的未來，否則我們就沒有能變得更幸福的前景來驅動我們前進。如果我們相信終究會離婚，就不會結婚了；如果覺得自己沒機會，就不會應徵工作或要求升遷了。但我們是怎麼同時擁有看似矛盾的兩種信念的？一方面覺得這個世界走勢堪憂（如這堂課一開始所述），一方面又認為自己會愈過愈好？如果我們普遍對自己長遠的未來抱持樂觀態度，那為什麼大家的幸福感卻是逐年下降？你要怎麼對未來普遍樂觀，卻同時對現狀不甚滿意呢？

答案是，我們能同時樂觀和悲觀，這取決於我們講的是什麼時間點。事實上，我們之後會講到，樂觀和悲觀可能其實是人格中兩個分開的元素。此外，我們在這兩個向度的程度也都不一樣，所以你不應該對他人貼上樂觀或悲觀的標籤。人比這些標籤還要複雜幽微許多。我們可以想像生命中某些面向會漸漸轉好，但其他面向則不一定，所以我們仍可能覺得自己整體而言不太幸福快樂，尤其我們如果做出不切實際的比較（即我們在上一課提到的內容）就更是如此。

在這一堂課，我們會講到另一個變得更快樂的方法，就是對世界、自己、他人更樂觀以待，因為這麼做會有確切的好處。樂觀的人不只比較快樂，也更健康、人緣更好、壽命更長。很多研究用許多面向的個人差異來預測健康，結果發現在所有有益健康的預測因子中，每次都會出現的預測因子就是樂觀[6]。樂觀的態度是怎麼讓身體更健康的？讓我們來探討可能影響箇中過程的機制吧。

樂觀會預測未來更加美好。要變得樂觀，我們要先了解，是什麼讓自己沒有辦法對現況更為樂觀，以及可以做些什麼改變我們的觀點。如果我們看世界的角度這麼負面，要只看生命中好的一面可能有點難度，但這堂關於快樂與幸福的科學課帶來的好消息是，改變是有可能的。為了做到這些，我們一定要知道自己在思考這個世界、我們自己和他人時，會運用什麼樣的資訊，會帶著怎麼樣的偏誤來處理這些資訊的。只要我們理解自己的偏誤，我們就可以學習一些技巧，來想像一個更美好的未來，並用更正向的眼光看待自己的現況。如果你覺得自己一直都在用悲觀的眼光看世界，並真的想要改變，你可以學著變得更樂觀一點。

## 壞消息，演化中的警報器

變樂觀的第一個挑戰，就是了解資訊的本質，以及我們處理資訊的方式。包括人類在內，許多動物都演化出對環境中負面訊號特別注意、過度反應的習性[7]，這些資訊可以來自過去、現在、未來。

在當下，我們回應負面聲響、文字、人聲、臉孔的速度會比較快。請看下圖（圖

圖 4.1

找出不一樣的臉孔（改編自：Fox et al, 2000）

4.1），看看能否找出不一樣的那個臉孔。

圖中其實有兩張不一樣的臉孔。一次看到多張臉孔時，比起找到快樂臉孔，我們找出生氣表情的速度會更快[8]。人聲也是一樣，有人怒吼我們的時候，比起聽到快樂或中性的聲音，大腦回應的速度更快、強度也更高[9]。這種先注意到負面事物的傾向很早就開始了，嬰兒對負面人聲的反應比對正面人聲的反應要強烈，尤其若聲音來自父母更是如此[10]。負面訊號更能讓我們停下原本在做的事，這麼做可以幫助我們遠離危險；負面訊號觸發「僵」反應，而「僵」通常都會在「戰或逃」反應之前發生。沒有一個正面訊號可以觸發這麼強烈的反應。

對負面訊號過度警覺是幼小嬰兒的必備能力，因為嬰兒在這世界有很多要探索的事。當兒童進到不熟悉的環境或接觸新事物時，他們會觀察他人再決定如何應對，而他們最能輕易理解的就是負面訊息[11]。例如，一歲嬰兒看到沒玩過的玩具時，會從母親的反應找線索，向她尋求保證。如果媽媽用嫌惡的表情看著玩具，並說玩具很「噁心」，那孩子玩這個玩具的機率就會大大降低；但如果媽媽對玩具是正向反應且說玩具會很「好玩」，造成的正向效果卻微乎其微[12]。這個現象在大人身上也一樣，我們對他人的負面反應比較敏感，尤其在不確定的情境更是如此[13]。

**負面事物的威力會如此強大，是因為比起正向經歷，我們更會記得挫折與失敗**。在我們大腦深處有一個邊緣系統（limbic system），負責掌管動機、情緒、學習、記憶。系統中有一個狀似杏仁的結構叫做「杏仁核」（amygdala），杏仁核對負面經驗特別敏感，且會強化負面經驗的記憶。我們在第二課談過九一一事件的「閃光燈記憶」（flashbulb memory），在大腦編碼的強度會更強，因為杏仁核在長期記憶儲存區中，將這個記憶放大了。離雙子星大樓最近的曼哈頓下城居民在回憶九一一事件時，杏仁核活躍的程度，比住比較遠的曼哈頓中城居民還要高[14]。這種負面偏誤（negativity bias）在記憶中運作，才能讓我們從過去的負面經驗學習，萬一未來事件再次發生，藉此做好準備。

偏重負面的不是只有記憶而已，預測未來的時候，我們也會注意可能發生的負面事情，尤其如果訊號混沌不明時更是如此。**假警報總比沒看到危險還要安全，所以人們比較會將「可能有危險」的訊號看成「真的有危險」，而非看成正向訊號或將之忽略。**

在記憶或預測未來都偏重負面的傾向，肯定提供我們祖先一些優勢，不然這個傾向早就在演化過程消失了。我們愈注意、記得和能夠預測這些威脅，就愈有機會存活。如果我們聽到灌木叢中有些聲響，假設那是獅子會比以為只是風吹還理想。演化會選擇最優良的適應行為，所以負面偏誤才會一代傳一代，直到現在仍然存在。

不過，世界變了，以前是非洲開放的熱帶稀樹草原，我們的祖先狩獵採集其間，真正的危險就潛伏在灌木叢中；而現在，現代社會相比之下安全舒適，想像的危險藏在每一個角落。如我們在第二課所見，現今社會中，我們的首要之務是在群體中能被接受並活躍其中，所以威脅的本質改變了。政府與權威、規則和法條掌控我們的人生，所以我們受到法律與犯法可能產生的後果限制。大多數時候，我們謹守這些管理我們的法律過日子，但這很花錢。薪水、稅金、房貸、帳單都是現代生活的挑戰，這些都需要錢。沒了錢，我們就得依賴他人過活。貧窮令人避之唯恐不及，不只是因為貧窮代表缺乏食物、住處等現代生活必需品，更是因為貧窮會帶來不確定性和不安全感，而這些會帶來長期壓力。我們在社會中的位置是依地位、財富、穩定性而定，這些議題在我們身處不確定狀態的時候會不斷困擾著我們。接著還有個人的挑戰，如公開演講、工作面試、升學考試、不切實際的完美主義，這些都不會立即威脅生命，卻會像致命危險一般打垮一個人，因為處理這些挑戰的機制，與過去面對實體威脅而演化出的機制是一樣的。

我們有些人對負面事物更加敏感，使我們每次都過度反應。如果我們一直這樣時刻警惕、充滿壓力，這個過度反應最後會成為焦慮，影響身心。但如果我們能意識到這些過度反應都是負面偏誤作祟，我們就可以將焦慮理解成在非洲稀樹草原上留下的情緒。如果你容易焦慮，可以練習我們在第二課講到的箱式呼吸法，先將身體反應調整過來；接著再處理大腦，使用第一課的快樂小練習「抽離」術，讓自己從焦慮中抽離，你可以說：「我不是焦慮的人，我只是在經歷焦慮而已。」你還可以說：「我不是個焦慮的人，我只是在經歷一種情緒，這種情緒讓我的祖先得以活下來。」讓自己從焦慮中抽離，並解釋焦慮的合理性，可以讓焦慮不那麼討人厭，幫助你掌控自己的狀態。

雖然負面偏誤可能有一些缺點，但我們也要知道，有負面偏誤還是一件好事，只要適當運用、不要發展成長期焦慮就好。注意負面消息可以讓我們知道有什麼需要處理的潛在威脅，如有害的人際關係、失業、病痛等會讓我們不快樂的情境。不快樂就與身體痛苦一樣，可能是一種必須的警訊，逼著我們重新思考自己目前的處境，做出必要的調整。

但是，我們也該認知到，我們傾向會給負面事物太多關注。如我們在第三課看到的，情感性預測讓我們誤以為重要事件對心理的影響程度和持續時間比真實情況還要大[15]。負面事件的誤判程度也比正面事件高。我們以為升官帶來的好心情會持續很久、強度也很高，但因為比較心態的緣故，被解僱的負面情緒其實有更大的影響力。感情挫折、職涯碰壁、政治挫敗、負面新聞、生活觸礁等，情感性預測都會讓我們相信，壞事的威力遠大於好事。

可是同樣的，這也是沒有根據的偏誤。負面事件通常不會如我們想像得糟，而好事則只會比我們期待的好一點點。會有這樣不對稱的情況，是因為高估事情帶來的負面影響，可以使我們遠離該事件，這比高估好事的影響來得有用多了。就如心理學家羅伊·鮑梅斯特（Roy F. Baumeister）所說：「要生存，生命就得每天打勝仗；死亡卻只需要贏一次就好。」[16]所以我們會著眼於最糟糕的情況，並為此感到恐懼，以避開潛在風險。但是，過度樂觀的人不相信這些潛在風險，而這可能會導致魯莽行為出現。顯然，在樂觀和謹慎的悲觀之間，必須取得平衡，但我們要怎麼做出明智的決定呢？

## 討厭無聊，見血才能上頭條

想做出明智的決定，其中一個阻礙就是資訊的本質。首先，事情變化時，我們會注意到；但事情不變時，我們渾然不覺。事物穩定的狀態不會提供新的資訊，因而不會引起我們的注意。就如叔本華說的：「痛苦時，我們感覺得到；但沒有痛苦時，我們卻感覺不到。」[17]我們會感到飢餓，卻不會感到飽足。**負面訊號代表脫離正常狀態，因而需要關注；而正面訊號通常不需要回應。如果我們剛好注意到正面訊號，通常是因為我們將之與負面訊號比較，**反過來就不會成立。

一切安好的時候，除非刻意將注意力集中在這裡，否則我們不會有感覺；但相反的，如果我們不舒服，我們馬上感覺得到。我們對不快樂的關注比對快樂多，所以我們才需要寫下感恩的事物、放慢速度品味美好時刻，提醒自己生命中那些好事，才能找回平衡。

著重負面變化的傾向，也掌控了生活周遭的媒體所傳播的資訊。烏克蘭與俄羅斯爆發的戰爭很值得報導，但歐洲其他地區維持良久的和平就沒有報導的價值，因為這個和平已經持續了八十年之久。我們只會想看重大事件發生，不會想看「沒有」重大事件的尋常日常，所以細微的收穫和明顯的損失兩相比較時，我們很少會注意到微小的收穫。「見血才能上頭條」是新聞界的理念，問題是，我們不斷關注攝取負面新聞，會讓我們變得不快樂[18]。新聞不斷強調負面消息，讓我們對世界的印象就是：世界愈來愈危險了，而這一部分也解釋了在這一課開頭的調查中，大多數人都對世界抱有悲觀心態的原因了。

怪記者把世界描繪得如此黑暗很容易，但記者反映的是大眾的喜好。身為消費者的我們就是會關注負面消息，尤其我們倍感威脅時更是。「末日狂滑」（doomscrolling）在新冠疫情期間是十分常見的現象，指的是不斷滑新聞，找尋最糟資訊的行為。疫情期間，大眾對傳統媒體與社群媒體的使用量大幅增加，除此之外，由於這些新聞都是負面消息，性格負面的人心理健康也受到影響[19]。媒體第二個策略是利用聳動標題，引起強烈的情緒反應，像是「以猶太教潔食條例『殘忍』殺害的牛肉，就在美食街你點的漢堡裡」[20]。就像車禍，你就是會忍不住想看，事件帶來的情緒愈負面，反應也就愈強烈。

這裡的重點是：下次看新聞時，記得我們會有的這些偏見。事情並不如看起來那麼糟，練習至少找一篇正向的新聞來看。你也許沒有辦法忽略負面新聞，但你可以主動尋求一點平衡。無論讀到什麼，都可以抱持更具批判性、更懷疑的態度。記得，新聞很少是中性的，寫新聞的人往往都會以觸發情緒的視角切入，吸引讀者目光。提防驚人聳動的標題，這可能只是吸引讀者繼續閱讀的手段。

## 一個壞印象，從此難洗白

在我們生活中，可以也應該改變的一點，就是評價他人的方式，因為我們的意見往往會不自覺受到負面偏誤左右。如果我們想透過少一點自我中心來找到快樂，那了解這個現象怎麼發生就很重要。兩人相遇時，雙方會啟動一系列檢查程序，來識別對方並將其分類。對於形成第一印象，我們永遠只有一次機會，尤其如果第一印象是負面就更是如此。其實，我們得到的時間甚至不到一秒，因為我們對他人形成第一印象的時間通常不到十分之一秒！一張臉孔在眼前僅是快速閃過一百毫秒，人腦就可以「薄片擷取」（thin-slicing）與吸引力、討喜度、可靠度、攻擊性、能力有關的特徵[21]。臉孔閃現的時間加長，評分相對不會有什麼改變。這種處理速度強烈指出了心理學家說的潛意識或「內隱」（implicit）處理歷程。由於內隱歷程大多都在顯意識（consciousness，譯注：部分強調「顯」以和潛意識相對）不察的情況下運作，所以很難改變。「確認偏誤」是傾向選擇可以支持自己一開始想法的資訊。如果我們知道這個人的其他事情，那我們應該會修正對他的第一印象才對，但就算聽到的是正向的事，我們也比較不會修正自己對他的負面想法；反之，如果一開始對這個人有好印象，但後來聽到這個人不好的事情，我們卻可以快速且輕易修正對他的印象[22]。

即便我們的確花時間更深入了解他人，我們看待他人做的壞事也還是比好事重得多。我們很有可能會說偷了五美元的人很沒道德，卻不太會說捐了五美元的人很有道德[23]。只要我們認定這個人壞，就要花很多時間才能翻轉我們對他的印象。例如，二〇一六年，芝加哥心理學家開啟一場研究，主題為改變道德的關鍵點。研究中，研究者告訴受試者一個平凡上班族芭芭拉（Barbara）的故事。芭芭拉偶爾會做些好事，偶爾也會做些壞事[24]。受試者得知，芭芭拉的行為最近有些改變。一組得知芭芭拉開始頻繁做好事，而另一組則聽到她開始一直做壞事。接下來研究者問受試者，他們需要幾週的時間，才會相信芭芭拉是真的變了。結果發現，受試者平均需要四週就能相信芭芭拉是真的變壞，但相信她是真的變好卻需要到六週。這告訴我們，重新評估時，我們更傾向著眼於負面的事情，而不是正面的。只要你對某人的印象固定了，就很難改變。

這樣的負面偏誤會影響到我們寬恕的能力。有人錯怪我們時，要讓他人原諒和遺忘我們的錯誤就會更加困難。婚姻關係專家約翰·高曼（John Gottman）估計，你可能需要至少做對五次，才能彌補之前做錯的一次，否則關係就會走向毀滅[25]。高曼的研究發現，決定婚姻是否存續的關鍵並不是做對什麼事，而是做錯什麼事。如果你結婚了，或處在長期關係中，那你說錯話或做錯事的次數可能會很多，也許是無心卻傷人的言論，或不小心忘了週年紀念日。當然，這要看你犯的到底是什麼樣的錯誤，還有你做了什麼來彌補，但偏重負面事件的現象與一句老生常談相符：建立正向關係需要時間，但要摧毀關係只需要一瞬間。

為什麼我們評斷他人的方式這麼沒有彈性，要怎麼做才可以更公平？本質與直覺使然，我們會透過刻板印象把他人（尤其是我們不熟的人）放進不同的分類中。我們不會花時間好好了解他人，而是走捷徑，依賴偏見決定。當我們很快就判定這個人是壞人時，就是負面偏誤來攪局。除此之外，我們還會把他人的強項與弱點視為他們與生俱來的基本組成成分，而不認為是外在環境影響或純粹運氣使然。例如，當我們看到有人在高速公路上開太快了，我們可能會說他們是很糟糕的駕駛，預設魯莽草率是他們的本質。但是，如果有人說我們在高速公路上開太快了，我們會把自己的行為歸因於環境，如「我開那麼趕是因為我要遲到了」。這種減輕事件嚴重程度的藉口，我們不會輕易用在他人身上。如果我們看到有人很沒禮貌，我們就會評斷他是個冷酷無情的人，但我們自己沒禮貌時，我們會為自己的行為說話，說這是有理由的，或我們平常不是這樣。將他人行為歸因於其固定特徵，自己一樣的行為卻歸因於暫時的理由，這種傾向就稱為「基本歸因謬誤」（fundamental attribution error）[26]。

我們會掉進基本歸因謬誤的圈套，是因為我們不知道或看不到影響事情結果的環境或狀況。還有，我們對隱藏的原因也會感到不安。如果我們在街上看到一位遊民，可能會覺得遊民要為自己的困境負責，又或是覺得他是社會環境的受害者，而我們也可能成為其一。用前者想可能會讓我們自在些。「我們很可能也會變得跟他一樣」的這種可能性讓我們非常恐懼。我們對好運、壞運的概念不太自在，我們想要相信自己是活在一個事出必有因的「罪有應得」世界中[27]。這會讓我們認為，落魄的人之所以陷入困境，是因為他們的基本特質所致；但反過來，我們會把自己的霉運歸因於不可控的外在環境，但把成功歸功是自己的能力。

**要怎麼樣變得更公平呢？第一步就是在評斷他人之前，先花點時間跟他相**

**處，不要一下就跳到結論**。想想自己表現沒有很好的時候，回顧為什麼當時會這樣，可能會幫助你想像為何他人今天表現不佳。**不要只看表面，衣著和外表都會騙人。承認自己有偏見、薄片擷取、確認偏誤的傾向**。有時候我們沒有機會好好認識他人，若有機會，請好好把握，花點時間仔細聆聽、理解他人。還有，記得他們也在衡量你，對你的印象也可能會錯！如果看到有人生活條件欠佳，也要將心比心。把我們與其困境拉遠距離很容易，我們傾向事出必有因的思維，也代表我們可能會用不合理的邏輯來評斷他人，但也許他們的處境並非他們的錯。站在他人觀點思考，就是少一點自我中心、多一點他人中心的第一步。當你用他人的視角來看事情，你的批判性就不會那麼重，也會更慷慨。而就如我們在第二課說過的，你對他人好，就是對自己好。

## 失敗多了，最後變躺平

好事歸自己，壞事歸他人或外在環境，會有這些偏見，都是因為我們用自我中心的視角看待這個世界。我們喜歡當自己命運的主人，如果覺得自己無法掌控事情，我們會很不安。控制感是面對不確定情境的必備要素，否則我們會感到無力無助。若發現自己在困境中毫無掌控，會感覺更負面，壓力也會更大[28]。

**即使只有控制「感」也很有幫助。只是相信自己能夠改變事情，就足以讓你長出韌性**。例如，在一項研究中，受試者承受痛苦的電擊就可以賺錢，結果發現，如果受試者相信自己隨時得以中止實驗，能承受的痛苦就大得多[29]。痛苦是一種警告訊號，但如果我們覺得自己能夠決定結果，我們就能忽略這個訊號。控制感讓大腦用另一種方式詮釋不確定性的意義，不確定性的威脅性就變小了[30]。不確定性會使你壓力倍增，因為你無法預測會發生什麼事，但如果你相信自己能控制情況，那你就覺得自己可以隨時中止，所以這個情境就不那麼讓你焦慮，也就能承受更多。反過來說，把控制權或控制感奪走，會讓你壓力更大，因為你永遠不知道這個困境何時會結束，而這種不確定性就會帶來絕望。

無法掌控生活會讓你進入無助或無望的狀態。正向心理學有一項開創性的實驗，研究者馬汀・塞利格曼（Martin Seligman）在一九六〇年代進行了一場動物實驗，想透過讓狗感覺自己對環境毫無掌控能力，來誘發狗的「習得無助感」（learned helplessness）[31]。在這些早期的研究中，塞利格曼訓練狗將燈光亮起與無法逃脫的輕微電擊連結在一起，重點是想知道狗兒學到這個連結之後，若到了新的情境，是否能更快學會要躲避燈亮帶來的後果。等狗兒建立起燈亮與電擊的連結後，就會被帶到另一個籠子，新籠子的中間有一個矮柵欄，將籠子分為兩區。狗兒一開始被帶到的區域有接電，但另一區是安全的無電區，只要輕輕跳過柵欄，狗兒就能躲過電擊。

當時流行的理論認為，已經知道燈亮是電擊訊號的動物，會比沒有學過燈亮與電擊連結的狗兒，更快知道要跳過柵欄。但是，塞利格曼發現的情況恰恰相反。燈亮起時，已經被不可控電擊電過的動物只是被動接受自己的命運，躺在籠子地板上，完全不想試著跳過柵欄；反而是沒有經歷過不可控電擊的狗兒很快就學到要跳過柵欄。這是因為承受過不可控電擊的狗兒已經發展出習得無助感，牠們已經從過去的經驗學到，不管怎麼試著逃脫都沒有用，認為事情不可控的這個經驗損害了牠們適應新環境的能力。

塞利格曼馬上意識到這些動物研究的重要性，也許習得無助感也能用來解釋人類的絕望狀態。他繼續與人類受試者進行一樣的實驗，也發現相同的習得無助現象，於是他發展出一套解釋，說明為何人會變得憂鬱，會失去希望。他認為，如果你小時候曾經歷不可控的負面生活事件，如貧窮或混亂的家庭生活，就可能誘發習得無助感，並在孩子長大成人之後套用到生活的各個層面。

當塞利格曼在牛津大學提出他的理論時，精神病學家約翰・蒂斯岱（John Teasdale）指出，原版論點的問題在於，並不是所有經歷過不可控逆境的人，都會發展出憂鬱的情況。並非所有人都會向習得無助感低頭，有些人比較樂觀。塞利格曼回頭檢視自己的資料，發現的確有大約三分之一的人和動物並沒有表現出習得無助感，這讓他開始重新思考自己的研究方法[32]。這些對習得無助感有抵抗力的人是誰？是什麼讓他們跟其他人不同？我們可以從這些人身上學到什麼？如果無助感可以學，那樂觀是不是也可以學呢？

## 透過反駁，把自責外包

在本書開頭，我們問：是什麼讓一個人擁有正面或負面態度的？是天生還是後天？為了回答這個問題，我們可以再次看向同卵與異卵雙胞胎的研究，來估測基因在決定性格是樂觀或悲觀上扮演了什麼樣的角色。我們通常會把樂觀與悲觀視為光譜的兩端，但樂觀與悲觀受到遺傳的影響似乎是分開的，這也符合人會將生活不同層面分隔開來的方式[33]。例如，我們會對自己的職涯發展感到很樂觀，但對人際關係覺得悲觀。雙胞胎研究指出，樂觀的遺傳性約為百分之二十四，而悲觀則是百分之二十九，雖然遺傳會影響，但環境對悲觀與樂觀的影響更為顯著[34]，研究也發現，童年家庭環境對樂觀性格的影響特別大。例如，一項自嬰兒期開始的縱貫研究發現，出生時家庭社經地位愈高，二十一年後的樂觀程度就愈高[35]，而父母的投入則在兒童發展樂觀性格上扮演著關鍵的角色[36]。**環境、習得無助感、教養風格、性格與其他因素的互動，都會影響到樂觀性格的養成**。

這些年輕人學到了什麼？樂觀是繼續前進，對未來充滿期盼，不會被過去或現在的問題困住。如果回憶愛比克泰德所說，他和其他斯多葛主義的哲學家都認為：重點不在發生何事，而是回應的方式。這就是馬汀·塞利格曼與他的研究團隊想著手的：找到變得樂觀的方法。樂觀主義者有什麼特質，讓他們變得正向？

他們發現，樂觀主義者與悲觀主義者不同的一個地方，就是他們看事情的方式，尤其是看待負面挫折的方式。具體來說，他們找出了**三種特有的思維模式可以分辨樂觀者與悲觀者，叫做「歸因風格」**（attributional styles）[37]。**第一種風格是「普遍性」**（pervasiveness），也就是我們一概而論、把一個情境的特徵套用到其他情境。比如說，假設你工作面試沒上，悲觀主義者比較可能會說：「我什麼都做不好！」而樂觀主義者比較不會這樣全盤否定，而是會只把失敗套用在這次經驗上：「啊，真可惜，但我的生活中還有很多很棒的事。」**第二個風格是「永久性」**（permanence），悲觀的人會覺得失敗是永久的：「我永遠找不到工作了」，而樂觀的人比較可能會把這次的失敗當作暫時的小問題：「下次會更好。」**最後一個風格是跟責任有關，悲觀的人會把失敗歸咎於「個人的問題」**，並把責任內化：「這個工作沒有上，都是我的錯。」而樂觀的人比較可能會將責任外化：「他們看不到我的價值不是我的問題，沒選我是他們的損失。」在這個情境，樂觀者會把責任轉到他人身上。

**塞利格曼運用歸因風格發展出一套韌性計畫，叫做「ABCDE技巧」**，這些字母分別代表逆境（adversity）、信念（belief）、結果（consequence）、反駁（dispute）、激勵（energise）[38]。這個計畫的目的是教你在失敗時學著更樂觀。

**ABC是練習的第一部分，即寫下這個「逆境」的過程，愈細愈好，你「相信」發生了什麼事，「結果」又是如何，重點是盡可能提供愈多細節愈好。**回到求職的例子，ABC就是你面試的工作沒上（逆境），因為你覺得自己面試時表現很差（信念），這表示你永遠都會找不到工作（結果）。**在ABC階段寫出這些資訊之後，就可以到DE階段進攻，來「反駁」或挑戰原有的信念和結果，或至少找到比較沒那麼負面的方式來詮釋事件。**

反駁的最佳方式就是用更樂觀的歸因風格看事情，用比較不那麼概括、永久、針對自己的方式，來重新詮釋ABC階段的證明。其中一種方法是與自己拉開距離，用遠一點的視角來看待事件。如果你遇到負面的事情，總是會內化成是自己的責任，看不到問題只是暫時，也看不到生活中還有其他事正在順利進行，那就是被自我中心困住了。樂觀主義者會轉移注意力或做其他事情，以忽略或減少個人失敗的感覺，而悲觀主義者則會把負面觀點延伸到生活的每一層面。學用他人中心的視角，就不會用悲觀者的負面歸因風格來看事情。

有了樂觀的歸因風格，就可以反駁、摒棄、削弱，或重新詮釋失敗經驗，並用較為正向的觀點重新理解。退後一步，想像自己是律師，要為身為客戶的自己辯護。每次困境背後都會有一絲光明。在剛才面試失敗的例子裡，請反駁你覺得自己面試表現不佳的想法，告訴自己，你的表現很好，但可能人選已經內定，或面試者不知道他們想要找什麼樣的人；挑戰「什麼事都與我無關」的想法，恭喜自己進到面試階段，並想像有上百位連面試機會都沒有的申請者。

在你以正向角度重新詮釋失敗經驗後，應該就能「激勵」自己，而這也是ABCDE技法的最後一步。為自己處理困擾的方式自豪，因為現在可以掌控負面想法與悲觀態度了。展望更積極的未來，你會因為習得的樂觀而受到激勵。也許那份工作並不適合你，你躲過一劫且現在很自由，可以去找一份更適合的工作。

**變得樂觀的另一個方法，是逼自己想像一個比你想像過還要更美好的未來。想像未來最好版本的自己，每天花十分鐘在日記本寫下想法，想像每件事情都比預期的還要好。**你可以先從生活其中一個面向開始，每週練習後，再慢慢擴展到其他面向。伴侶：請想像最佳伴侶，會是誰？他們會是什麼樣子？家庭：想像最好的家庭生活，那會是什麼樣子？職業：想像你做著最理想的工作，那會是什麼工作？什麼會給你最大的滿足？朋友：你想要幾個朋友？你會怎麼跟他們共度時光？你的最佳社交生活是什麼模樣？只要你覺得重要的，都想像出未來最美好的那個版本，盡量發揮創意和想像力，不要有任何保留。研究發現，當你被迫想像一個最好的未來時，你會感到更加樂觀[39]。

## 心念一轉，可以活更久

我們在這一課開頭說過，樂觀的人身心更健康，壽命也更長。大型流行病學研究也不斷證實，比起最樂觀的群體，最悲觀的那群人健康問題比較多，死亡時間平均早了八到十年[40]。悲觀主義者比較容易罹患致命疾病，如心血管疾病、呼吸道疾病與癌症。其中一個主要的影響因素是長期壓力。我們在第二課已經提醒過，戰或逃反應是一種與壓力有關的潛在機制。長期壓力影響身體免疫或發炎的反應系統對抗疾病與感染的能力，這已確定與致命疾病有關。壓力是由感覺到威脅與對未來的不確定性所組成。**由於樂觀主義者對未來的態度比較正面，這樣的願景會讓他們選擇較健康的生活形態，也有較強的社交支持。**

要澄清的一個重點是，樂觀不等同希望。希望是一種情緒狀態，期待某件事可以得到重要但機會渺茫的結果，而這結果通常不在我們掌控之中[41]。**樂觀主義者則更往前一步，他們「相信」最後會有好結果，所以在悲觀主義者已經放棄時，他們還會繼續努力堅持下去**。這就對擁有健康生活形態，與遵守健康建議以預防疾病惡化都有影響[42]。**第二個優點是樂觀心態。樂觀的人很有韌性，在壓力來臨時能夠堅持下去，這也許會對生理系統造成極大的考驗，但到最後，會更有可能完全解決壓力源**；悲觀的人則輕易就會放棄，但即使是這樣，壓力源也還是在，因為當事人還是覺得問題沒有解決[43]，這就會造成長期壓力，影響我們的免疫系統和對應長期壓力的能力。第三個解釋與社交支持和寂寞有關。與悲觀者相比，大家普遍認為樂觀者比較討喜、更有吸引力、也更加友善，樂觀者的社會網絡較大，社交支持也比較強[44]。在晚年生活中，樂觀預示更強的防禦能力，能抵抗寂寞與孤立對健康造成的影響[45]。

整體來說，**樂觀的人在面對良性挑戰時，比較不容易放棄，比較會把困難詮釋成挑戰而非威脅，也比較會做有益健康的事，以確保自己有更美好的未來**。他們有目標，也有信心達成目標，這給了他們對抗疾病的能力。

但提醒一下：也許樂觀的心態有益健康，也可以激勵你達成目標，但不切實際的樂觀可能會導致你做出魯莽的行為。如果你的歸因風格是覺得失敗只是暫時的個案，不是你的錯，那你可能就沒辦法從錯誤中學習；如果沒有從錯誤中學習，那就可能重蹈覆轍。如果你不覺得自己會有健康危機，那你可能就會放縱過活。我們應該練習變得更樂觀，但這種正面心態也需要加入一點務實來調和。

我建議正面期待可以結合合理的預想與規劃。有一個經研究證實有效的技巧叫做「心智比對」（mental contrasting），這個技巧結合了激勵、規劃、執行的練習[46]。「比對」是因為你要想像達成的目標和過程中的挑戰。首先，要達成目標，就得想像這個目標有辦法達成。許多運動心理學家都強調，將達成目標的情景視覺化可以激勵目標達成。目標愈具體愈好，這樣衡量表現的指標就會愈有形，可以判斷達成進度。但是只想像達成目標是不夠的，這樣就只是希望，要成功就不能只靠希望。心理學家蓋布艾兒・奧丁根（Gabrielle Oettingen）認為，只許願的思維會讓人產生惰性[47]，還得思考未來會遇到的阻礙和克服的方法。

**奧丁根發展出一套「WOOP」技巧，利用心智比對達成目標[48]。「WOOP」代表希望（wish）、成果（outcome）、阻礙（obstacles）、計畫（plan）。第一步是找出自己的「希望」**，並盡可能寫得愈細愈好，不要寫「我想減重」這種模糊不清的期望，而是要有具體的目標，如「我要減重十磅（約四點五公斤）」。具體目標更明確，也更能達成，給了可測量的進度衡量標準。接下來是想像瘦了十磅的「**成果**」，想像站在磅秤上，看到自己瘦了十磅，那感覺有多好。希望和成果是激勵你做出改變的必需品，但你還需要有策略。會遇到什麼「**阻礙**」？可能是「我沒有時間準備新鮮食物，買加工食品比較容易」，思考會遇到什麼阻礙，以及你可以做什麼「**計畫**」來克服這些阻礙，如「不買蛋糕、讓誘惑眼不見為淨、多吃新鮮蔬果、學習煮營養方便餐」等。

使用「WOOP」這種心智比對的策略，比只是許願還更容易成功。一項研究中，受試者為想多吃蔬果的一萬多名德國女性，研究者將他們分成兩組，並教導他們健康飲食的好處，其中一組還教了WOOP技巧[49]，請他們想像如果他們真的多吃了蔬菜水果，會有多好的成果，讓他們有正面的視覺化想像，但阻礙是什麼呢？可能是很難找到按時供應新鮮蔬果的地方，或你想每週來一次披薩之夜。由於事先已經知道可能會有什麼阻礙，受試者就可以先做出相應的規劃：「如此一來，我會需要加入合作飲食群組，或預訂每週專門運送新鮮蔬果到家的服務。我會在前兩個月先把每週的披薩之夜改成兩週一次，再改成一個月一次。」另一組受試者則繼續正常生活，沒有特別的規劃。

這兩組的飲食狀況一開始並沒有變化，但第四個月後有了改變，正常生活組吃的新鮮蔬果變少了，在研究兩年後更回到原本的飲食習慣。而WOOP組則維持著更健康的飲食習慣。樂觀是好事，但要起身行動，才能活得更健康。

我們在這一課學到，生活不同面向會產生對未來不同的期待，我們可以同時抱持著樂觀與悲觀來思考，但我們可以學著變得更正面。我們討論了正向思考的好處與負面偏誤帶來的挑戰，兩者都頗具價值，只要不要太極端即可。注意警訊很有幫助，但不要讓負面思考占據我們的腦。為了健康和幸福著想，樂觀一點比較好，但我們也要行事謹慎，以防做出魯莽行為。想變得更樂觀，了解自己的歸因風格和思考「不要那麼自我中心」就是解方。另一個方法是為自己想像一個更美好的未來，並規劃必要步驟抵達那個未來。下一課，我們會看的是快樂路上的一大挑戰，也就是在我們不太活躍或沒有積極參與某個任務時，我們的大腦會發生什麼事，這時候，我們的大腦沒有在專注狀態下，而負面偏誤就會在此時掌控思考。但是，我們可以利用在這一課學到的策略，重新掌控注意力。

快樂小練習

- **為自己想像一個最美好的未來**：不管現況，想像自己五年後的美好未來會是什麼樣子，並把它寫下來。
- **記得，新聞以負面居多**：限制自己看新聞的時間，檢查手機社群媒體與新聞應用程式使用的時間，並練習減少使用時間。記得，我們的注意力會自動專注在負面的事情上。
- **持續練習原諒**：對在乎的人犯錯時，請記得，傷害要努力很多次才能彌補，不要覺得對方在無理取鬧。試著體諒並彌補錯誤。
- **練習習得的樂觀**：如果你遇到挫折，覺得灰心喪志，試試看ABCDE技巧，用比較正面的角度重新詮釋事件。
- **用WOOP心智比對技巧來達成目標**：擬定正向的未來計畫，用務實的步驟來平衡，以確保改變真的會發生。

改寫思維3

第五課

# 掌控注意力

聚焦在哪裡，情緒就往哪裡走

應該每個人都有過這樣的經驗。打開書本沒幾分鐘，就開始想中午要吃什麼；會議還沒開完，腦袋已經飛到假日行程；明明只是打開手機回訊息，結果一小時過去，卻連訊息都還沒回。

我們總是會說自己「注意力不集中」，但其實問題不只是分心，而是因為常常把注意力交給了錯的東西。負面新聞、無止盡的資訊滑動、反覆出現的自我懷疑——它們都在悄悄占據我們的心智空間，讓我們無法專注，也無法快樂。

這一課，我們將從神經科學與心理學的角度來理解注意力如何運作，以及為什麼現代生活讓我們這麼容易被「偷走注意力」。當我們學會重新掌握注意力，把心思放在真正重要的事物上，幸福感也會悄悄回來。

每天晚上，夢境都會為我們打開一扇窗，讓我們進入潛意識，迎接蜂擁而來、不受約束的思緒與畫面。一條稍縱即逝的思緒激發下一個思緒，中間無須邏輯串接。這樣的混亂也是夢境之所以如此絕妙、恐怖、令人目瞪口呆的原因，因為夢就是跳脫現實的幻象。但關於夢，有一點是不會變的：也許你不記得昨晚夢到了什麼，但如果你仍記得，我賭上我所有的財產保證，你一定在夢裡面。不管是好夢、惡夢或是那種完全不合邏輯的詭譎奇幻劇情，你都是自己午夜場的主角。這聽起來可能再尋常不過，但其實這點很值得一提，我們就是不會夢到與自己無關的夢。即使是觀察某人某事的夢，我們也是觀察者的角色，如果沒有自己在其中觀察，那就不可能有辦法想像夢是什麼樣子。

占據夢中的那個自我中心的我，在我們醒著的大多數時間也都在。醒著的時候，我們花很多時間作夢，尤其是我們沒有專心在某事的時候。這種夢比較像是思緒漫遊（mind-wandering），而非充滿混亂生動畫面的晚場電影。雖然思緒漫遊可能是回想過去愉快的回憶或對美好未來的期盼，但如同我們即將發現的，思緒漫遊往往會使我們聚焦在負面思考和看似難以解決的憂慮上。

在這一課，我想專心討論在我們的思緒漫遊時，會全神貫注在自我和自己問題的現象。我們會研究在從事需要專心的任務時，我們的意識是怎麼聚焦的，還有當我們注意力發散的時候，意識是如何輕易偏向專注自我和反芻思考。當我們的心思沒有被任務占據時，我們就會走入自己想像的世界。

我們會探索人如何把時間花在想像可能的未來上。那些常感焦慮和不開心的人，可能會不斷擔心尚未解決的問題。有時候，這種擔憂會以內在獨白的方式顯現，在我們心中不斷發出聲音，訴說著生活有多糟，與他人相比有多不如人。我們不斷重返過去，或擔心未來可能產生的問題。我們誇大每一個小問題，因而阻斷了我們得到快樂的能力。不快樂時，我們像是被詛咒般不斷把思緒轉往我們的不足之處。就如上一課說的，想像遙遠的未來時，我們可以很樂觀；但如果最近有困擾纏身需要解決，我們就會比較負面。

不管多努力想專心，你的思緒還是會飄移。我們會講「一連串的思緒」，是因為想法像列車車廂般一個接一個，但就如哲學家威廉・詹姆斯說的，我們對顯意識的主觀經驗其實更像是流動的[1]。顯意識的本質是動態的，會有退潮、流動、飄移，有時又會像剛學走路的幼兒一樣，沒耐性的扭動坐不住。甚至你現在在讀這本書，你的心思偶爾還是會飄到其他地方，不斷在跟其他想與你搶注意力的事物搏鬥。你可能會想，如果是在一個乏味的情境，沒有什麼能吸引注意力，那我們思緒漫遊的情況可能就會少一點，但事實恰恰相反[2]。你自己很清楚，只要無聊思緒就會亂飄，此時負面思緒就能輕易入侵顯意識，影響我們的快樂。

為什麼思緒漫遊會這麼常見，其目的到底是什麼？為什麼我們會反芻思考？畢竟，大腦活動需要很大的代謝能量，除非思緒漫遊有什麼用處，否則我們不會演化出這個功能。這題的答案就藏在啟動大腦的迴路中，這個迴路提供一個平台，讓我們能思考自己的事情和自己面臨的問題，想像過去、現在、未來的自己。我們一意識到自己面臨的問題，就會專注在解決問題上，造成憂慮和不快樂。如果我們傾向覺得自己的生活有問題（我們在上一課也確實看到，我們有各式各樣的負面偏誤讓我們會這樣覺得），又放任不管，那就可能會被負面思考占據。在這一課，我們會學到為什麼會有這個現象，以及大腦往負面思考走時，如何讓愛煩惱的大腦平靜下來。最後，我們會研究和練習一些技巧，拉開自我中心的自我和過度擔憂的距離，這樣我們才能更加平靜，也更加快樂。

## 困在「還沒發生」的將來

身為成人，很多人在沒有專心執行某項事情時，便很難活在當下，這是我們無聊時便不自覺進入思緒漫遊的傾向所致[3]。兒童無聊時也會思緒漫遊，但與成人不一樣，兒童通常不會漫遊到過去或未來，而是很容易被當下發生的其他事情分心。其實，思考過去和未來對大多數幼童來說都很困難[4]。當要回答「昨天」做了什麼、「明天」要做什麼時，有三分之二的三歲兒童無法回答[5]。請兒童想想過去和未來，五到六歲的兒童做得到，但並不會自發做到，只有在回應成人訪談者的提示語時才可以[6]。在一項自發性心智時光旅行的研究中，研究者請六到七歲的兒童、九到十歲的兒童、青少年以及成人作畫，並在聽到「叮」一聲之後，回答現在在想什麼，想的事情是有關過去、現在還是未來。雖然每個人都在實驗三分之一的時光出現思緒漫遊，但只有成人多數時間在思考未來的傾向[7]。

幼童也許不會思考太多關於未來的事，因為他們缺乏想像未來的經驗與知識，但他們可以幻想長大後的樣子，尤其是當他們意識到大人所擁有的自由。「等我長大……」是兒童很常使用的句子，表示他們期待成為大人之後可以享有各種特權，但就像一九八八年的電影《飛進未來》（*Big*）一樣，由湯姆・漢克

（Tom Hanks）飾演的孩子氣大男孩賈許・柏斯金（Josh Baskin）從十二歲的男孩一夜之間神奇的變成大人後，才發現大人生活原來存在這麼多焦慮與煩憂。

隨著年歲增長，我們花在思考過去與未來的時間就愈來愈多。我們現在花費的很多心力，都是為了得到未來的快樂。就如希臘哲學家亞里斯多德所說，我們大多數做的事、擁有的想法，都是遵守享樂原則，最終目標是尋得快樂。教育、考試、訓練、工作、關係全都是為未來做準備，但我們的大腦並非一直都是這麼以未來為重。在很久以前，我們還是採集狩獵者的時候，大多是過一天算一天，很少做長期的規劃或準備。我們跟其他動物一樣，單純隨著獸群遷徙，或定期回到熟悉的地方，因為我們知道水果和莓果會在一年不同時間成熟。當時的生存就只是維持生活所需，與環境的自然變化息息相關。到了大約一萬兩千年前，才發展出農業，得以掌握自然與四季。我們可以人為調控自然為我們所用，但我們就得安頓下來，做長遠打算。我們開始豢養牲畜、種植穀物、建立社群，而規劃就成了生存的首要之務。這些社群無法舉家遷移，搬到新的狩獵地點，而是必須長久待在一處，落地生根，因為作物和家畜要有人照顧，播種採收要有人規劃，養殖圈地要有人建造維護。農業生活要成功，就必須想到未來。

做計畫是有可能的，因為大腦已經演化成預測的機器。我們會利用過往經驗和對現況的資訊來預測未來，增加理想結果發生的機率，同時避免未來發生問題，為可能出現的困難做準備。但是，等待結果的過程很煎熬，時間既不確定又難以預測。如同我們在前一課提過的，如果我們感覺到自己被迫要等待一個不確定的結果時，就會沒有控制感，並進入即將戰或逃的戰備狀態，而這就會影響到健康。如果可以制定一套計畫或行動來面對不確定的情境，就能產生因應（coping）行為，讓你的心理狀態比無助、擔憂、害怕未來還更有韌性。

即使現在已經很少人是以農業為生，我們在預測未來時還是會滿懷擔憂，擔心職涯發展、生活花費、氣候變遷、無家可歸、利率高漲、失業裁員、病痛、帳單、衝突、人際關係，這些都會觸發我們愛擔心的大腦，也會啟動相應的因應機制來重掌控制權，讓你想重返自我中心、好好活在當下的孩提時光了。

## 大腦閒著沒事，煩惱就會找事

在現代化以前，大多數人的日常生活都是無盡的勞苦。工業化以前，沒有現代生活的便利，照顧自己和家人是生活的一大重心。準備食物和家務勞動讓人沒有多餘的時間從事娛樂或消遣。狩獵、採集、照料穀物、耕田、播種、洗衣、補衣、照顧牲畜、維護家園，這些都需要所有人幫忙，連孩子也不例外。簡單來說，當時的生活被生存填滿。一天是照著日升日落的時間作息，因為天黑後就無事可做了，所以大家都會很早睡，隔天黎明就起床，開始一天的工作。

當時大多數人的工時都很長，也付出很多勞力，直到科技發展，工作才開始變得容易些。輪子、犁、化肥、金融，都只是幾個人類發明幫助農業改革的例子。機器出現，生活因而變得輕鬆，農業生產更有效率，資本主義成為不停工作的誘因，努力再也不只是為了自給自足。在西方世界，人們長時間待在工廠工作，促進了工業革命。但是，到了十九世紀，節省勞力的科技發展也催生了「休閒革命」（leisure revolution），因為此時一般工作者閒暇時間變多了[8]。人工照明讓日子變長了，有更多時間可以做些什麼，而不是只能睡覺。沉思的時間，尤其為宗教奉獻的時間一定是有的，但跟現在的閒暇時間比起來，就根本不算什麼。在西方世界，每週平均工時從一八七〇年的六十到七十小時，到現在只剩三十到四十小時。我們擁有的假期也比一百五十年前更多[9]。

沒有在工作賺錢時，我們剩下的時間就用在各種不同的家務上，如居家修繕、準備餐食、吃飯、旅行，最後則是休閒。多虧科技發展，我們現在應該比以前有更多時間可以利用，但我們大多數人還是會抱怨自己太忙。當你問一個人過得怎麼樣的時候，是不是很常聽到他們說「很忙」？我們很忙，但不一定很有生產力。在一項由心理學家麥特．柯林斯沃斯（Matt Killingsworth）和丹．吉爾伯特執行的研究中[10]，研究者透過蘋果手機的應用程式，隨機與參與者在其醒著的時間搭上線。參與者要回答一系列問題，包括：

「你現在在做什麼？」
「你現在在想的事情是不是跟正在做的事無關？」
「從非常差到非常好，你現在感覺如何？」

參與者還要回答現在的想法是正面、負面還是中性的。

幾乎有一半的時間，參與者想的事情都跟他們正在做的事無關。思緒漫遊最常出現在洗澡或刷牙等梳洗時刻，約有百分之六十五的參與者在此時思緒漫遊，但該專心工作時，參與者也有百分之五十的時間在分心。有一個參與者思緒漫遊沒有這麼旺盛的活動，那就是性愛，回覆有思緒漫遊的只有百分之十（可能還是太高了），但這也讓人想問：「誰會在性愛進行中或一結束就在填問卷啊？」

這次實驗和其他相似的抽樣實驗都證明了，**思緒漫遊占據了我們大部分醒著的時間**[11]。雖然思緒漫遊時，人想的多是愉快的事情（樣本的百分之四十二．五），相較之下，想不愉快的事情是百分之二十六．五，而中性的事則是百分之三十一，但是，比起沒有在思緒漫遊的時候，想這些愉快的事情也沒有讓人比較快樂。相反的是，思緒漫遊想到不開心或中性的事，比沒有在思緒漫遊時更不開心。柯林斯沃斯和吉爾伯特對這個發現下了結論：「**漫遊的大腦就是不快樂的大腦**。」這份研究支持了我們在上一課學到的，**當沒有專心在某項任務時，就會產生的負面偏誤現象**。這是因為大腦在不快樂的時候，要透過漫遊來找到更快樂的事來思考嗎？的確有研究指出，在實驗室環境中發現，負面情緒會使思緒漫遊現象增加[12]，那以上的解釋就與這個研究一致了。然而，在現實生活中，答案似乎恰恰相反。柯林斯沃斯和吉爾伯特在其隨機抽樣的研究中，觀察思緒漫遊與快樂在短時間內接續出現的情形，發現思緒漫遊比較可能是先於不快樂，而非在其後出現。也就是說，我們是在大腦開始漫遊之後，才變得不快樂的。

心緒遊走時，大腦中稱為「預設模式網絡」（default mode network，簡稱DMN）的腦迴路就會啟動[13]。這個迴路一開始是在研究早期腦部影像的過程中發現，當時研究者想測量人腦執行特定任務時，大腦不同區域會變得多活躍。原本的假設是不同腦部區域專門負責不同的特定心智功能。為了實驗這點，受試者執行了許多研究者相信會對應到這些心智功能的任務，這樣研究者就可以觀察受試者努力解任務時，其大腦特定區域的血流量是否增加。為了計算血流量的變化，研究者比較了執行任務期間和休息時間的血流量，因為他們預設休息時間的腦力應該不會用在任務上才對，他們也告訴受試者休息時間不要想任何事情。

最後研究者發現（自此之後也有許多研究不斷證明此發現為真），在休息時間或受試者被規定不得思考的時間，有一個腦部區域網絡不僅沒有閒置，反而活躍了起來。這個腦部區域網絡包含內側前額葉皮質（medial prefrontal cortex，簡稱mPFC）、後扣帶皮質（posterior cingulate）、角迴（angular gyrus）。會取名為預設模式網絡，是因為沒有在執行任務時，這就是大腦預設的休息狀態。

預設模式網絡，尤其是內側前額葉皮質，是我們儲存自我神經表徵（編按：認知到自己）的地方。如果有人要求我們想自己的事，或回想自傳式記憶，我們的內側前額葉皮質就會受到激發[14]。驚人的是，內側前額葉皮質不只是想自己的事會激發，連在想別人的事也會[15]。心思遊走時，我們想的是自己，以及我們和他人之間的關係，而這就如第三課說的，可能是因為比較或競爭的關係，我們會因此變得不快樂。

因為這次的研究發現了預設模式網絡在快樂上扮演的角色，使得它成為許多研究的源頭。重鬱症（major depression）患者腦中的預設模式網絡顯示功能性連結（functional connectivity）增加，這與患者對自己的生活有過度的負面反芻有關[16]。我們有些人會花太多時間擔心，馬克・吐溫（Mark Twain）完全捕捉到了精髓，他說：「我的人生充滿各種悲劇，而大部分悲劇從沒發生過。」在被孤立者的大腦中，預設模式網絡的結構和功能也有變化，他們的自我神經表徵「比較寂寞」，也因此扭曲了對他人的內在神經表徵[17]。因為預設模式網絡過度活化，所以我們覺得自己慘不忍睹，不過，還是有方法可以和遊走的思緒搏鬥，尤其是當心思往負面方向去的時候。

## 走進自然，讓焦慮靜音

看看在國家公園或郊外公園裡漫步、爬山、健行、參觀的人數，就知道許多人都很喜歡悠遊大自然。人類喜歡親近自然，這是我們演化留下的遺產，這個說法稱為「親生命假說」（biophilia hypothesis）[18]。原文中的「biophilia」源自希臘文的「生命」（bio）和「愛」（philia）。

大多數人都喜歡置身大自然，因為現代的水泥叢林並不適合在非洲稀樹叢林演化而來的大腦。一項隨機抽樣研究詢問了兩萬名受訪者（用的是跟之前一樣的智慧型手機應用程式的方法）他們有多快樂，並與其全球定位系統的位置交叉比對。結果發現，在英國的城鎮、都市、鄉野間，人在任一種綠地或自然棲息地的戶外環境中，都比在都市裡還要快樂非常多[19]。接觸大自然也與更高的連結感有關，而我們也會在第六課詳細講到，連結感對身心健康非常重要[20]。近期一項包含四十九個研究的統合分析也顯示，接觸自然對提升正面情緒有中度到高度的效果，也對減緩負面情緒有一樣的成效[21]。為什麼大自然會這麼有益身心呢[22]？

置身大自然時，兩個相關腦部機制會產生特定的轉變，一個與壓力反應有關，另一個則與思緒漫遊有關。如先前提到的，壓力會激發生理威脅反應系統，包括心率增加、血壓上升、壓力荷爾蒙皮質醇分泌，但當我們身處森林等自然環境中，這些反應就會減少[23]。**與在都市裡相比，徜徉大自然可以活絡副交感神經系統，使其對抗恐懼的戰或逃反應，加強我們從壓力經驗復原的能力**[24]。恐懼會刺激杏仁核，即便沒有特別意識到有威脅存在時也仍然如此[25]。我們可能隱約有不祥的感覺，開始戒慎恐懼，大腦此時就處於警戒狀態，四處尋找潛在的危險。住在大城市，這種謹慎狀態比較常出現，久了就會影響到應對威脅的方式。在一項重要的腦部影像研究中，有三組德國參與者，分別為都市居民、城市鄉村都住過的人、鄉村居民，他們在實驗中都得面臨壓力情境，也就是一邊解答四則運算，一邊聽考官給予負面回饋[26]。與其他兩組相比，只有目前住在大都市的人，杏仁核活動有增加的跡象，曾住在鄉村但現在住在都市裡的那組，其大腦調節杏仁核、負面情緒、壓力反應的迴路中出現了活化反應，表示他們童年的鄉村生活經驗對他們的韌性很有幫助。但是，在另一個針對柏林居民的研究發現，都市人並不是全然無望：只要徜徉大自然一個小時，就得以抑制杏仁核活動[27]。一項針對近兩萬名成人的大型研究指出，為了得到最佳成效，每週置身自然環境兩小時，一次兩小時或一週總計兩小時都可以，自我報告的健康與幸福感就能大幅增加[28]。大於兩小時就沒有什麼額外的效益了。但值得注意的是，漫步大自然對本來就想做的人才有用，逼迫別人去鄉間散步不只沒有效，還可能適得其反[29]。

除了抑制杏仁核活動之外，研究也發現，**置身大自然可以抑制第二個與快樂有關的神經機制，那就是預設模式網絡中的內側前額葉皮質**[30]。與城市散步相比，漫步自然的抑制效果更為強烈，這樣的抑制效果也與思緒漫遊減少有關[31]。自然環境能恢復我們專注的能力，就如研究發現，參與者置身自然一陣子之後，回到實驗室執行與大腦前額葉執行功能相關的任務，表現就會有所提升[32]。身為都市居民的我們會思緒漫遊，是因為我們對自己的環境太過熟悉。在你每日通勤的過程中，有沒有注意過，自己是不是對大部分的通勤過程都沒有記憶？思緒漫遊在單調的高速公路上特別常見，駕駛自陳有百分之七十的時間都在神遊[33]。過度學習（over-learned）的歷程或任務，尤其是在熟悉環境中的過度學習，會帶有重複的本質，而這會引誘我們的思緒自己開始神遊，形成由內而生的分心。

如果你發現自己的確在都市中走動時會神遊，那請練習覺察自己的環境。即便是在城市中，這個方法也能幫助你對抗負面思緒。**正念（mindfulness）是練習刻意選擇，並將注意力重整到我們已經熟悉的環境上**。你可以觀察自己走路的節奏，把注意力放在周遭，如用比平視還高的角度往上看，探索從未注意過的建築特色；也可以暫停手機播放的音樂，關閉大多數通勤者都會開啟的隔音裝置，聆聽自己移動的同時，都市聲景有什麼改變；或是試試看挑一條不同以往的路線回家，探索從沒有去過的地方。我們喜歡去其他城市探索不同文化的一個原因，就是因為會有新奇的景色和聲響，但只要我們留心，新的體驗在家就能找得到。

## 愈想忘記，愈念念不忘

我們的注意力從某項任務移開時，心思就會開始遊走，因為我們大腦可以處理的資訊量有限。有時候，我們可以透過自發的努力來控制自己的注意力，例如，我們在吵雜的空間想聽到對方說什麼，就會努力忽略其他分心的聲音，專心聽對方的聲音。但一般來說，注意力就像是可以調整光圈的聚光燈一樣，可以是聚光，也可以是散光（見圖5.1）。

聚光時，解析度很高，細節可以看得很清楚；散光時，解析度就沒那麼高，但可以看到的範圍比較大（不在照光範圍內的事物都不會被注意到）。但是，當注意力擴散時，就比較容易分心。注意力聚光燈只有一個，雖然我們可能以為，我們可以一次注意一個以上的事物，但這種一心多用實際上並沒有發生。我們以為自己可以多工處理，只是因為我們快速移動聚光燈而已。

我們都體驗過的顯意識光束，大部分都可以讓使用者操控，也就是我們負責控管注意力要放在哪一個思緒上：「這個想法很有趣，我想我會先專心在這上面看看。」但是，有時候遇到需要專注的情況，我們還是可能會措手不及。我還記得，自己做第一份工作時有多慌張，因為我要在擁擠的酒吧裡應付想點飲料的客人。

在高難度的情境中，注意力光束會不斷跳動，在互相爭搶的各種需求上試圖專注。當我們失去控制感時，可能會覺得大腦被什麼外部力量挾持，形成一種令人不安的體驗，

圖 5.1

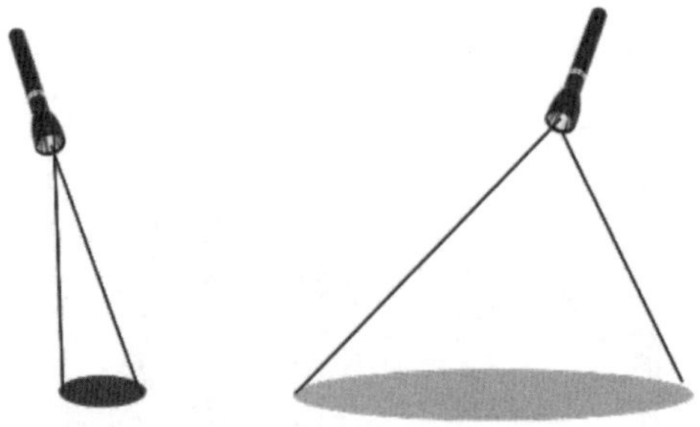

注意力就像一道光束，可以是聚光，也可以是散光

在極端壓力下，彷彿我們再也無法組織和控制自己的思緒。如果在複雜的情境需要做出深思熟慮的決定，就會引發焦慮情緒。例如，在熟悉的城市開車不會有太多要決定的事；但在不熟悉的城市裡開車，就會有很多路標和路線要選擇，壓力會更大。太多選項搞得人不知所措的現象，也解釋了第三課討論到的「選擇的暴政」，即太多選擇會讓人更加無從下手，也變得更不快樂。

有時候，我們會自動被惹人分心的想法或侵入性思維吸引，而這些思緒會阻撓我們找尋解方。忙的時候，有很多事情搶著要得到我們的注意力，為了讓有建設性的思考持續，我們必須努力忽略這些分心的事物。但**忽略或壓抑討厭的思緒或想法的問題在於，會產生一個反彈效應，叫做「諷刺的思緒壓抑」（ironic thought suppression），而這也是反芻和負面思考的根源**[34]。這種想法的「諷刺」在於不管你有多想推開這些想法，它都會回來占據你的大腦。就算成功壓制住了，它晚一點還是會強勢回歸，且往往是在你最沒有預期的時候。

為了展示「諷刺的思緒壓抑」，我想請你試試下面這個思想控制的例子。首先，在接下來的一分鐘，你要檢視自己腦中思考的內容，這叫做「內省」（introspection），將注意力聚光燈往內照，探查自己思想的本質，但在你開始之前，有一個規定：你想要想什麼都可以，但只有一個東西你不能想：北極熊。記得，什麼都可以想，就是不能想北極熊。現在開始試試看。

如果你跟大多數受試者一樣，那叫你不要想北極熊的三十秒內，你腦袋想的一定就是北極熊[35]。我們常被想要忽略又揮之不去的想法折磨。夜晚輾轉難眠，試著不去想那件讓我們睡不著的事。心理學家丹．韋格納（Dan Wegner）解釋，這些諷刺的思緒就是我們想控制侵入性想法的結果。正是壓抑不想讓某個思緒出現的舉動，強化這個想法在腦中出現，因為該想法就落在注意力聚光燈的光束之下。如果你試著想忽略這個想法，就等於在監看自己的思想流，看看討厭的想法是不是沒了，但這個行為又會增加討厭的想法重新出現的可能。

在韋格納看來，思緒漫遊這個詞不太準確，因為思緒漫遊暗指我們在大腦不同內容之間毫無興趣的漫步，而非持續不斷的纏鬥。他說：「心智神遊，並不只是遠離我們的目標而已，更是會往我們不准其探索的方向飄移。」[36]侵入性想法干擾我們的專注力，並把我們拉往更黑暗的深淵，我們愈努力想忽略，這些想法就拉得更用力。我們可以怎麼做，才能控制這隻桀驁不馴的小惡魔呢？

## 不分心，集中感官呼吸

我們來看看是否能將內在自省用在好的地方。如果你深受侵入性負面思維之苦，那麼冥想可能是你的解方。冥想已成為許多身心健康方案的主要元素，因為冥想可以減緩心理壓力[37]。冥想有很多種不同的形式，但全都包含內省和思想控制。內省是將注意力往內看，關照內心念頭；思想控制則是控管注意力聚光燈，其中一個做法是刻意且盡力不將注意力放在你思考的主題，而是放在其他訊號來源，可以是感官體驗，如身體感受、呼吸頻率、周遭環境從遠處傳來的聲音等。有些冥想會吟誦或反覆唸梵咒（mantra），即利用語句或聲音占用大腦的注意力資源。因為我們只有一個聚光燈，所以沒有辦法同時專注兩件事情。如果你可以控制注意力聚光燈要照在哪裡，就可以阻止侵入性思維挾持你的腦袋。

**有一種結合注意力聚光燈和冥想平靜效果的技巧，叫做「正念冥想」（mindfulness meditation），引導注意力專注在當下**。如同之前提到的，你可以到大自然來一場正念漫步，專注在以前可能沒注意到的事物上，藉此對抗思緒漫遊。正念結合冥想，就可以讓你把注意力集中在當下，並佐以放鬆與深呼吸來平靜心靈。由於侵入性思維很頑皮，尤其是具威脅性或負面意涵的思維更是，因此有引導的正念冥想可能是最容易控制思想的方法。在引導式冥想中，你會聆聽並回應口頭指示，這個指示會告訴你什麼時候將專注力放在哪裡。例如，引導語可能會這麼說：「閉上眼睛，意念集中在呼吸……現在，把專注力集中在身體上，先從腳底開始，再慢慢把注意力沿著身體往上，像是在掃描一樣……如果出現雜念，不要阻止這些雜念……承認並認可它的存在……不要評價或細想這個雜念，只要注意到它存在就好……想像這些想法就像雲一樣飄在空中，並想像它們慢慢飄走……看著它們愈飄愈遠……現在，讓注意力回到呼吸上。」這裡的目的是將我們的注意力輕輕引導回呼吸或其他感官體驗，就不會專注在自己的想法上。

引導式冥想很有效，是因為這些指示是來自外頭，所以要我們放開自己內心的觀點來聽從指示就容易得多。有關注意力的研究發現，聽從外部指示移動注意力聚光燈，會比自己努力去移動注意力聚光燈還有效[38]。這些外部指示會把注意力強迫從負面想法上移開。除此之外，請你承認、認可、接著忽略自己想法的指示，也可以預防諷刺的思緒壓抑。在北極熊實驗中，努力壓抑想法的受試者出現了諷刺的思緒回彈現象，滿腦子都是北極熊。就像彈簧一樣，愈想努力壓制，回彈的力度就愈大。

冥想近年來人氣高漲，許多引導式冥想的手機應用程式深受歡迎，例如Headspace使用者高達七千萬人。不僅是一般大眾對冥想好奇，學者也想知道冥想對健康有何好處。雖然有許多研究都聲稱，從各種生理和心理健康的指標來看，冥想都有長期好處，但很多研究都有缺陷和偏誤。對冥想做嚴謹的臨床試驗很困難，因為在控制情境中，受試者必須不知道實驗介入為何，也就是「盲測」，但冥想這麼廣為人知，受試者很難不知。非盲測的問題在於，受試者可能會覺得有效，因為他們預設有效，這就是所謂的「安慰劑效應」（placebo effect）[39]。如果我們相信實驗介入對我們有好處，結果通常就會真的對我們有益。

然而，冥想的放鬆、呼吸控制、雜念管理，確實有立即的功效，這點無庸置疑，且可以即時測量[40]。如我們在第一課學到的，有意識的深呼吸可以激發副交感神經系統來抵抗戰或逃反應。而戰或逃反應若沒有控管，就會導致長期壓力和其他可能的負面影響。冥想的即時成效可以用呼吸、心血管、心肺和自主神經系統的心理生理變化來測量。也有研究證實，冥想會讓大腦活動產生長久的轉變，而這就沒有辦法用安慰劑效應或個人期待來解釋。具體來說，我們討論過與自我神經表徵、他人神經表徵和思緒漫遊有關的預設模式網絡，其活動也會因冥想而受到壓制。最令人印象深刻的，是一項針對冥想新手與老鳥的研究[41]。腦部影像的結果顯示，相較於冥想新手，擁有超過一萬小時冥想時數的老鳥，整體的預設模式網絡活化程度都比較低，包括分心和思緒漫遊狀況減少。這些冥想老鳥對自己大腦的掌控度更大，因為他們的預設模式網絡被壓制住了。

## 專注一心一事，心流就來

在你開始擔心自己神遊、被侵入性負面思維困擾前，應該要知道並非所有思緒漫遊都讓人不舒服。的確，多數時候我們的心思都會飄到開心的事情上，但就如之前說的，就算想著開心的事，也比不上我們專注做某件事的時候還快樂。隨著注意力聚光燈移動，你的心思也隨之在情緒之尺上擺盪，大多數時間都落在中性這一區。有時候，我們會任想像力馳騁，就可能心生愉悅，增加生產力，尤其是我們能妥善掌控時[42]。這種情況下，這種刻意的思緒漫遊就會將注意力從眼前的任務，刻意轉往我們有興趣的事物上。以色列神經科學家摩西．巴爾（Moshe Bar）相信，這種思緒漫遊可以讓我們找尋不同想法之間的連結[43]，有點像是晚上睡覺時的心智大掃除，但沒有那麼超現實。這種找尋關聯的行為有時會成果豐碩，比如靈感乍現或新點子誕生。你可以在腦中模擬，想像事情可能發生的過程。達到正向思緒漫遊的最佳方法，就是從事能應用到自身技能的創意行為。音樂家、藝術家、作家在找尋靈感或新的連結時，都會經歷這種正向思緒漫遊。

日常生活中，我們都在努力找尋正向體驗，達成所想、所感、所做之間的平衡，而這些目標並非每次都能達成。可能是我們想工作，但不喜歡工作內容。如果討厭自己在做的事，那要有動力和生產力是很難的事；但**如果你能找到一件事可以忙，又能讓你開心的，那你就很有可能進入心流（flow）狀態**[44]。「心流」這個詞是已故心理學家米哈里・契克森米哈伊（Mihaly Csikszentmihalyi）提出，他用這個詞捕捉我們所做、所想、所感都在同一陣線的時刻。

最能捕捉心流這個概念的例子，就是同時需要技能和專注、又能讓人滿足的事情。運動員、藝術家、音樂家、有愛好的人都可能經歷過心流的平靜時刻：時間似乎很快過去、外來壓力逐漸遠離、自我中心的自我感也漸漸消散。能引發心流的活動應該要是需要付出努力，但不會讓焦頭爛額的事情。達到心流的公式取決於挑戰難度與技能水準之間的關係（見下頁圖5.2）。高難度的挑戰與我們的技能互搭，心流就會形成。

如果技能水準和挑戰強度不搭，就會有不同的情緒反應。例如，如果某件事不需要什麼技能，也不算什麼挑戰，就會讓人無動於衷；如果來的是一個大挑戰，你的技能不足以應付，則會造成焦慮；如果你的技能高強，面對的挑戰一點都不難，那就會讓你放鬆，但不會產生心流。

**當挑戰難度和技能強度達成最理想的關係，這樣的經驗就會形成心流。**比如說，滑雪有很多等級，從新手到專家都可以參與，而且通常都可以產生心流。滑雪者可以選擇不同的路線下山，如非常容易的

圖 5.2

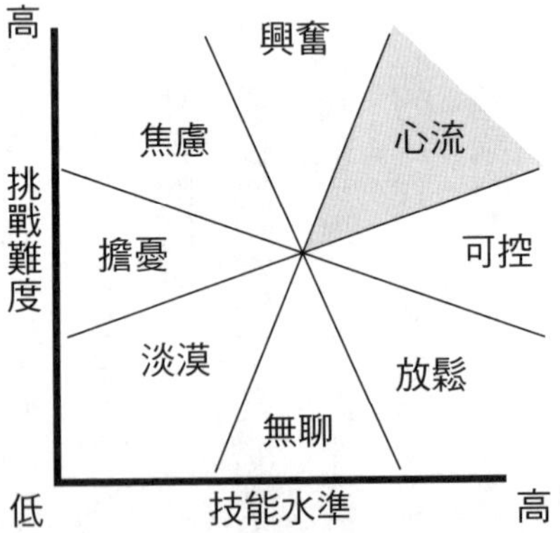


技能水準與挑戰強度之間的關聯，可以預測我們的心理反應，當技能水準和挑戰強度都高時，就可以達成「心流」的理想狀態（改編自Csikszentmihalyi, 1990）

緩坡（綠線），或最難的陡坡（黑鑽石線）。如果你是滑雪專家，你就會走黑鑽石線，因為這條路線的強度符合你的技能水準，而新手則可以選擇綠線。只要選擇符合技能水準的挑戰，兩條路線的滑雪者就都能夠進入心流。

## 把負面獨白，改寫成內在應援

雖然「理想的挑戰強度」這個概念往往與心流和正向心理健康有關，但這個概念和發展心理學一個早期概念很像，叫做近側發展區（zone of proximal development），由蘇聯心理學家李夫．維高斯基（Lev Vygostsky）提出[45]。他認為，若想撫育兒童發展完善，家長應提供可以測試能力、又不會難倒孩子的挑戰，這樣的難度就是理想的平衡，孩子可以藉此發展出更好的能力。這是終生受用的一課，因為當你將自己推到接近極限，就會進步，達成目標時有成就感，也會感到快樂。如果你從不挑戰自己，或走得太超過而越級打怪，那就不會成長。

維高斯基也發現，兒童會將家長的支持與來自照顧者的社會交換（social exchange），內化成屬於自己的自我中心私語（private speech）。他認為，在結構式的遊戲和教學中，孩子會在內心形成大人給予建議和鼓勵的模型。如果你去觀察幼兒獨自玩耍，尤其是跟娃娃玩時，他們通常會不斷解說正在發生的事情[46]。聽這些私語也許會滿有趣的。他們可能會說：「做得好，莎莉」或「呆呆莎莉」，對自己做的事發表看法，或透過娃娃說出評價。

兩到三歲的兒童出現私語行為時，一開始會是胡言亂語，但隨著成長，私語會變得更針對手上任務，成為引導孩子思考模式的方法。且經研究證實，兒童在解決問題上，如果有用私語來規劃自己的行動，會有較佳表現。等到五至七歲時，就會學著將這些指示內化為自我導向的內在語言（inner speech）。

這個內在的聲音，在我們大多數長大成人後仍會繼續存在，成為腦中顯意識與自己對話的主要組成元素。有時候，說出這些內心獨白有助於引導自己行動。我的老媽媽到現在還是會這樣，想解決實際問題時，她就會說出自己的內心獨白。最近，她在廚房做菜會不斷解說自己的各種行動：「好，我們來看看現在狀況怎麼樣。是的，我覺得需要加多一點鹽。那麼，我把鹽放到哪裡去了？」

要解決問題的時候，內心的聲音可能成為寶貴的工具，但如果這個聲音沒有幫助，反而阻礙了我們，就會成為不快樂的根源。心理學家伊森・克洛斯（Ethan Kross）稱這種內心的聲音為「內心碎碎念」（chatter）[47]。內心碎碎念可能會耗費非常多的心理能量和注意力，負面的內心碎碎念指的是反芻思考、災難式思考等自我挫敗的想法。有時，這種內心獨白會損害我們的心理健康，它會懷疑我們，更糟糕的是批評我們：「你不夠好，你很醜。」負面的內心碎碎念會讓你的目標還沒開始就放棄了，因為它警告你可能會失敗。對我們有些人而言，內心的聲音就是我們最大的敵人。

我們都有這樣的內心聲音，這是人類大腦無可逃脫的現象，與其忽略它，更好的方法是善用它的力量，將之做為掌控思考的工具。你可以將這種批評的聲音轉化成支持的聲音，方法就是透過一種叫做「心理距離」（distancing）的練習。

## 用第三人稱，當自己的心理導演

在沒有任何外部介入的情況下，當我們專注在自己的問題，就常會將問題過度放大，一部分是因為我們在上一課提到的負面偏誤，一部分是因為我們傾向反芻性思考和聽從內心批評的聲音。自我中心的大腦也讓我們傾向沉浸在自己的問題中，並將之誇大，如情緒黑洞般被吸進自己的問題裡。這時候，把自己和問題拉出一點距離會很有幫助。讓我來展示要怎麼用正向的心理介入，來讓我們用更他人中心的方式思考。

請你現在想一個最近困擾你的問題。這得是真的問題，不是假設或捏造的問題。也許現在顯意識想不到問題，但請深入內心挖掘，找出不快樂的緣由。我知道你會找到的。想請你再內省一次，也就是將注意力聚光燈往內照，檢視自己內心在想什麼。找出這個問題，並思考現在這個問題讓你感覺怎麼樣。例如，我百分百誠實，我在打這些字的當下，我心裡想的是：

「我擔心沒有人會讀我的書，因為我不確定我寫得夠不夠好，這讓我煩心，因為我花了很多心力和時間寫這本書。」

現在換你了。如果你在公共場合，那就用內心的聲音小聲說出自己的想法；如果你是自己一個人，就可以大聲說出來。

「我擔心〔擔心的事〕因為〔原因〕，這讓我煩心。」

花點時間檢視你聽到自己對自己說的這句話之後，有什麼情緒反應。這句話讓你有什麼感覺？我想你應該不會太開心，因為我提醒了你有的問題、逼你專注在這個問題上、要你表達自己對這個問題的煩惱、又叫你檢視自己的感受。現在我已經提醒你有的問題了，這個問題現在就處在你思考的第一線。「真是謝囉。」你說。別擔心，因為我有個快速解法。

一樣的全部重做一次，但這一次，不要用第一人稱「我」，而是用第三人稱表達你的擔憂。一樣，用我的例子來說就是：

「布魯斯擔心沒有人會讀他的書，因為他不確定寫得夠不夠好，這讓他煩心，因為他花了很多心力和時間寫這本書。」

現在換你了，用第三人稱，講你的名字和你的問題。

跟前一次比起來，這次感覺如何？如果你的確有心事煩擾，且一字不差的遵守剛才的指示做，用第三人稱表達你的困擾，那極有可能你會感覺好多了。我經常跟觀眾測試這個方法，十個人裡有九個都覺得，比起用第一人稱討論自己的問題，用非第一人稱來思考自己的問題，負面的感覺少了很多。這個技巧的基礎就是「心理距離」（psychological distancing）這個現象[48]。

**用非第一人稱角度思考尚待解決的問題，可以減少其負面的情緒影響，因為用非第一人稱表達自己，會自動把你送往他人中心觀點，遠離自我中心視角，因而讓你和你的問題之間產生了心理距離**[49]。我們很少用第三人稱稱呼自己，除非我們是皇室，但我們稱呼他人幾乎都會用名字。所以，當布魯斯在講布魯斯的事，就等於他隔著距離在思考布魯斯的事。

用非第一人稱稱呼自己的心理距離，有一點像安慰有困擾的朋友。你可能會因為朋友的問題難過，但不會像處理自己的問題時那麼難過。這種轉變視角的作法與研究結果一致，研究發現，心理距離會影響大腦表現自我概念的方式。伊森・克洛斯用大腦影像技術測量血流，請受試者用第一人稱或非第一人稱來講述自己對某個負面回憶的內心獨白[50]。比起用第一人稱「我」的受試者，用名字來自稱的受試者，預設模式網絡的內側前額葉皮質的活動比較沒這麼活躍。也就是說，使用非第一人稱後，通常與自我表徵有關的腦區，反應就不會那麼強烈。

**另一個使用心理距離的方法，是用內心時光機，以過去或未來的自己來看待現況**。如果你現在困擾著什麼問題，可以先試著回想自己一年或五年前在哪裡。現在的你可能早已經往前邁進，或過去煩惱的問題已不復存在。想想以前遇過的瓶頸，最後是怎麼克服的。跟自己再三保證，你終究有辦法解決眼前的難題。

接著，讓心思飛到未來。想像一年或五年後，這個問題有多重要。當你把自己投射到未來時，就導入時間的心理距離。我們從過去經驗學到「時間是最好的療癒」，這個技巧逼我們用長久的眼光看事情，因長久的眼光一定較為正向。

將自己投射到過去和未來的能力，是讓我們換位思考的必需。如果我們屈服於思緒漫遊和反芻式思考、內心批評的聲音等相關危險中，那我們就可能不快樂。這是過於自我中心的自我，沉溺於自憐與負面評價之中。我們把自我跟問題之間的距離拉得愈開，我們就愈有能力應付問題。

另一個換位思考、同時也能滿足我們演化而來想與他人連結的方法，就是強化我們的人際關係。在下一課，我們會探索的是，我們與他人的人際關係會直接影響到我們的想法與行為，影響過程往往隱密幽微且不在我們控制範圍內。我們會研究怎麼善用與他人的關係，讓我們更快樂，這不僅需要了解他人的想法，更要了解自己的想法，以及我們以為他人怎麼看自己與真實情況大相逕庭的原因。也許我們是社交動物，但我們在自己建立的關係裡，似乎遇到愈來愈多挑戰。部分是因為我們過於自我中心的偏誤，部分也因為我們在預測和思考自己有多喜歡他人陪伴時，總是大錯特錯。

## 快樂小練習

- **小心反芻式思考**：思緒漫遊時，把漫遊的內容寫下來，並在心思飄往負面方向時，辨認出它的存在。開始負面思考時，試著讓自己分心，或做一些需要專注的事情。
- **謹記諷刺的思緒壓抑會產生什麼後果**：盡量不要主動壓制負面的想法，而是在負面思考出現的時候，接受它，視之為身外之物，並隨它去。如果想來想去仍無法入睡，就起來做些事，直到這些想法飄散為止。
- **練習養成冥想習慣**：也許不是每個人都喜歡冥想，但還是請你試試看。每天五分鐘就夠。先從引導式冥想開始，要重新掌控自己的大腦，這是最輕鬆的方式。
- **找到屬於你的心流**：找出與你的能力互搭的挑戰或嗜好，試試對你稍微有點難度的活動，因為這樣你就會學習和進步。

- **練習心理距離**：使用非第一人稱，拉出你與你的問題之間的距離。寫下任何困擾，接著用像是朋友給你建議的模式，看待自己的問題。如果你現在因為某事不開心，把自己投射到未來一年或五年後，這應該能讓現在的狀況看起來更加暫時且轉瞬即逝。

接軌
外界
1

第六課

# 連結他人

從共感、信任到文化共鳴，產生美好回音

有時候，我們以為「快樂」是一件只要靠自己就能完成的事。努力工作、獨立成長、追求內在平靜——這些當然重要，但真正讓人感到穩定、溫暖、被理解的時刻，往往來自他人的一句：「我懂。」

從科學角度來看，與人連結並不是奢侈的社交選項，而是基本的心理需求。當我們和他人產生關係時，大腦會釋放出讓人愉悅、減壓、增進信任的神經傳導物質；相反的，當我們長期缺乏連結，就會啟動壓力系統，讓身心都陷入慢性消耗中。

這一課，我們會探索：為什麼人際互動能夠強化我們的快樂？為什麼與陌生人簡單的一句寒暄，也能讓我們感到被接住？我們將學習如何在日常生活中建立微小但深刻的連結——不需要多話、不需要完美，只需要一點點真誠的關注。

到目前為止，我們已經把快樂與多一點他人中心、少一點自我中心連結在一起，這有部分是由於自我創造出來的負面扭曲思維與偏見所致，心理學家馬克・利瑞（Mark Leary）形容這個缺陷為「自我的詛咒」（the curse of self）[1]。自我也許會善用所有有用的策略，如模擬他人的想法或預測自己的未來，但沒有特別引導的時候，自我可能就會受負面思考折磨，把自己跟他人比較，想像可能發生的問題。自我中心主義是我們意識流和自我經驗預設的模式。就算我們試著壓抑毫不節制的自我中心思維，它還是會潛伏或休眠在深處，等著最不受待見的時候再次浮現。壓力和焦慮會觸發成人的自我中心思維[2]，而自我中心思維又會誇大問題，形成負面反饋迴路。我們愈焦慮，就愈可能從社交互動抽離，變得愈來愈孤立[3]。久而久之，就愈變愈糟，離恰恰能幫助我們更快樂的事物愈來愈遠。

如果減少自我中心的角度對你來說很難，那有個簡單的方法可以換位思考，那就是與他人連結。刻意將你的專注力轉到身邊的人身上，把注意力的聚光燈往外照，而非往內照。如我們在第五課提到，當我們可以控制注意力放在哪裡，就能預防因專注範圍受限而產生的侵入性思維。如果將注意力放在他人身上，我們的預設模式就會變得不那麼專注自我。也許我們可以在自我和他人之間快速轉換，但沒有辦法同時擁有兩種觀點。問問隨便一個新手家長或飼主就知道了，有了在意的依附者時，你會自動跳出自我中心的偏見。出了問題時，你就得運用心智理論來搞清楚對方腦中到底在想什麼，為什麼他們哭了？他們在想什麼？他們需要什麼？照顧一個需要呵護與關注的生物時，你一定會變得不那麼自我中心。

我們會在這一課研究自己和他人的關係，探究增加與他人的連結，可以為我們帶來什麼好處。我們演化成高度社交的動物，但在試著與他人建立有意義連結的路上，我們有一些阻礙需要克服。我們常覺得與他人產生連結並開啟對話是很尷尬的事，但其實沒有想像中那麼嚴重，我們也預設自己會被拒絕，這同樣是錯的。這些誤解就是我們要考慮改善的地方。

在現今瞬息萬變的世界，社交連結變得愈來愈難。眾人都普遍意識到，寂寞在已開發國家中愈來愈猖獗，對快樂和身體健康都帶來眾多損害[4]。如第二課說的，人類發展農業前的那十萬多年，都是在相較之下較小的游牧群體中生存成長的。這種生活方式在文明發展之初就轉變了，我們與他人的互動也因而改變。我們現在正處在人類發展的關鍵點，因為現代生活和數位革新正在塑造我們的行為和生活的世界。我們居住的城市愈來愈擁擠，但矛盾的是，我們卻愈來愈孤立。二〇一五年，YouGov的民調顯示，在英國，雖然城市裡大家住得愈來愈近，但認識住最近的五位鄰居名字的人不到三分之一，而鄉村地區卻超過一半[5]。

再者，凝聚感和社群感也各國有別[6]。本堂課會仔細探討善於提升人民快樂的國家，例如，為什麼北歐國家是最快樂的宜居國家？

在這堂倒數第二課中，我們會討論與他人連結在快樂路上的重要角色；我們會探討與他人相處時，我們的大腦有什麼變化，以及為什麼社交會影響我們的心理健康；我們會研究環境如何形成友誼，以及為什麼我們猜測他人是否喜歡自己時，總是錯得離譜。這一課，我們講的是追尋快樂的神祕醬料：社交連結。

## 心有同頻，快樂就愛在一起

**與別人一起體驗某事，能放大我們的愉悅**。無論是玩音樂、一起運動、或只是混在一起，只要與別人一起，就是比一個人做好玩很多。有研究請受試者對巧克力的味道評分，實驗結果發現，如果有人與受試者一起吃巧克力，受試者會覺得比較好吃；如果有另一個人在場但在做別的事情，如看雜誌，受試者對巧克力的評分就沒那麼高[7]。

如果團體活動具有同步性，帶來的愉悅和成就感就多更多。同步性的活動需要個人的行為彼此協作，如跳舞。甚至連不開心的事情，有人一起經歷都比較能夠忍受，這也是為什麼研究發現，跟獨自訓練比起來，讓划船手一起運動的同步訓練可以提高其疼痛閾值[8]。

大部分正向的社交互動形式，都需要個人注意他人在做什麼，接著用恰當的方式規劃出回應。不管是親熱還是純聊天，你都需要與他人協作。沒有同步，感覺就不太對。許多人在近期疫情封城期間都發現了，視訊會議科技有個挑戰，就是對話時間差和運作瑕疵會頻頻打斷溝通，造成對話尷尬[9]。我們用來促進社交互動的非語言溝通（non-verbal communication）也十分依賴協作與同步的訊號，我們對此也十分敏銳。或許我們無法意識到這場交流缺乏同步性，但我們可以察覺有什麼不對勁，接收不到良性的共振，我們就會說對方的「頻率不對」。

同步是社交連結的基石，同步性也一直以吟誦、唱歌、跳舞、擊鼓的形式，從不知道多久以前就存在於人類歷史中。時機對，全體的力量就比其個體力量加總還大得多，進入超凡境界。這就是為什麼同步行為在大多數儀式中都可以見得到[10]。這些同步行為是人類儀式的核心，且每個文化都有。音樂是很早就出現的團體活動，世界上最早的樂器是有六萬年歷史的骨笛，發明的人不是現代人類，而是我們的親戚尼安德塔人（the Neanderthals）。印度中部的比姆貝特卡石窟（Bhimbetka rock shelters）裡，有許多時代最久遠、有約一萬年歷史的洞窟壁畫，上頭就有描繪舞者的圖樣。甚至連嬰兒都喜歡跟其他人同步共舞。研究發現，抱在嬰兒背巾裡的四個月寶寶，在披頭四（the Beatles）經典歌曲〈搖擺嘶吼〉（Twist and Shout）響起時，比較喜歡與隨著節奏搖動的人共舞，比較不喜歡與沒有在節奏上的人一起跳。且實驗結束後，當兩個舞伴都「不小心」掉東西在拿不到的地方，比起與爛舞伴同組的嬰兒，和同步舞伴一起搖擺的寶寶，主動幫忙的可能性也大上許多[11]。

照顧者和寶寶常會一起從事音樂活動，如唱歌、拍手、跳舞、搖擺，這些活動都可以促進利社會行為。這些早期的同步經驗會在我們成長過程中跟著我們。

無論是幼童或成人，我們在與他人同步活動之後，都會更合作，甚至變得更慷慨。有份研究將受試者（皆為成人）分為兩組，一組用耳機聽節拍器一起擺動身體，另一組的指令一樣，但大家聽的是不一樣的節拍，所以動作不同步[12]。接下來，每一位受試者都可以捐錢（最多五美元）當作共用資金，有一樣同步動作的那組對自己組別更加慷慨，也覺得自己跟組員更親近。平均下來，同步組有超過一半的人都捐出了全額五元，而非同步組捐五元的人只有五分之一。

我們與他人同步就會覺得愉快，這也是為什麼讓我們快樂的特殊人類行為，不是只有社交聚會、跳舞、音樂、儀式、表演這些而已。很驚人的一點是，個體之間的同步不只發生在身體活動而已，更體現在大腦活動上。例如，研究受試者一同觀看充滿情緒的電影時，在每位受試者大腦都可以測量到同步的放電反應，表示情緒運作方式就如同結合（binding）和耦合（coupling）機制[13]。就像敲擊音叉時，吉他弦會跟著震動一樣，我們的大腦也會同頻共振。

同步的程度也可以用來測量互相理解的情形。普林斯頓大學神經科學家尤里．哈山（Uri Hasson）請受試者聽某人講故事，同時用功能性磁振造影（fMRI）來掃描受試者的大腦[14]。將說故事者講故事和聽者理解故事的時間差扣除之後，研究者發現，兩邊的神經耦合是同步的，就像是兩個大腦攜手合作、互相理解一般。若打亂句子順序，句子沒有意義時，同步的現象也消失了。說者對不會俄語的人講俄語時，也不會出現神經耦合反應。當說者和聽者都講英文時，神經耦合的強度就代表聽者對故事理解的程度，不只是理解字詞，還包含整個故事的意思。

為什麼我們會喜歡同步的社交互動呢？玩音樂、一起跳舞這種團體活動與大腦釋放「腦內啡」（endorphins）有關。**腦內啡是大腦的快樂化學物質，是組成大腦天然鴉片系統的元素，而這個快樂系統在從事團體活動時會增強**[15]。例如，在合唱團高歌可以降低皮質醇濃度[16]。在這種團體活動中，我們感覺自己與他人比較親近、想對他人更好、與他人的連結感也更強，我們對自己的觀感也不一樣了。同步性的一個效果就是模糊了自我和他人之間的界線，讓人產生與團體合一的感受，表示人從自我中心的專注自我，轉換成較為他人中心的視角，而這就是本書的核心。一項針對同步性的統合分析發現，這種視角轉換帶來的影響有固定的模式，即以下四個好處[17]：**第一，同步可促進利社會行為，如增進幫助他人的意願；第二，同步讓我們對他人的連結感增強；第三，因為同步，我們對他人可能在想什麼的意識感增強；第四，同步可促進心理健康**。簡單來說，我們一起同步做某件事時，我們與他人同步動作的頻率增加，為他人著想的機率也變多了，而這些都會增強我們的連結感，進而讓我們更快樂。

我們要怎麼增強與他人的同步性呢？我們提過跳舞或當觀眾等團體活動的例子，但這些都只是偶一為之的活動而已。有個活動是我們每個人都會固定做的：就是面對面對話。第一步，先放下手機吧。研究顯示，光是手機放在看得到的地方，就足以損害社交互動帶來的快樂[18]。在你忙著用手機時，你不但沒有一起做團體活動，而且心思完全不在這裡。並不是所有人都覺得使用手機的禮儀就是要這樣，但把手機放第一優先，就等於是告訴他人，你覺得他們沒那麼重要，你自己關注的事比較重要。

你也可以練習積極聆聽。試試看多聽一點、少說一點，很快你就會發現，雙向都有交流，互動的品質更好。聆聽可以增加信任感與參與感，可以積極「聆聽並理解」的人，與他人的關係品質較好，在關係中也更快樂[19]。在一項大腦影像的研究中，受試者認為積極聆聽的人更為討喜，這與大腦腹側紋狀體酬賞中樞的神經活化反應有關[20]。這不是說你都不能講話，而是要專心聽對方說的話，並問一些與談話內容有關的問題，證明你有在聽。對他人抱持正面的態度，練習用有建設性的回饋來建立正向關係。如此一來，你就會更受對方喜愛，他對你的觀感也會更正向，對雙方都是一次快樂的體驗。把注意力轉往他人，可以提升社交互動的品質，同步性就會自然而然產生。

## 神經在作怪，別人的傷你會痛

經典科幻電視影集《星艦迷航記》極受歡迎的一集〈共感者〉（The Empath）於一九六八年在美國上映，但卻因劇中對酷刑的描繪，遭到英國廣播公司禁播，直到一九九〇年代才解禁。引起爭論的共感者，是可吸納他人痛苦以幫助他人的外星人。我們人類在看到他人受傷時，也會感同身受，這就是為什麼暴力影像是觀眾客訴固定會出現的內容，也是為什麼英國廣播公司審查員認為《星艦迷航記》這一集不宜播出的原因。

我們可以感受他人痛苦，一個原因是我們的大腦會產生情感共鳴，就像我們在進行同步活動時一樣。大腦有負責模仿他人情緒的迴路，尤其是模仿憂傷、開心、恐懼等原生情緒。如我們在第四課提過的，負面情緒會比正面情緒還強烈，所以早期研究大多聚焦在人目睹他人受苦時，會有什麼反應。這些研究總和起來的結果就是，我們自己直接經歷痛苦和間接感受到他人痛苦時，大腦的前腦島（anterior insula）和前扣帶迴皮質（anterior cingulate cortex）負責痛苦感受的區域都會持續活化[21]。

不過，目睹他人的痛苦並不一定會激發同理心[22]。眼見某人受苦，兩個人可能會有不同的同理反應。在同理心光譜的兩端，一邊是心理病態（psychopath），他們在想像他人受苦時，負責同理心的腦部區域並沒有如神經典型（neurotypical，譯注：即一般神經正常的人）的人一樣發亮[23]；光譜的另一端則是所謂的「超級共感人」（super empath），他們從別人的情緒上體驗太多，感受太多。研究發現，超級共感人在觀看他人打針或抓癢的影片時，自己身體一樣的對應部位也有生理感受[24]。看拳擊賽對他們而言可能無法承受。超級共感人觀看他人受苦而產生的神經反應，比一般人大非常多。會有這樣的差異，有個有趣的解釋是，我們大多數人都能共感他人的情緒，不過我們會忍住、壓制自己的反應，所以我們的反應就沒有跨過門檻，進到意識層面[25]，而這個機制在超級共感人身上失效了。另一種有關的解釋是，超級共感人對於自我和他人的界線較為模糊，所以他們說「我可以感覺到你有多痛苦」時，這句話可能是真的，因為他們自我與他人之間的界線比較弱一點。

當一個人無法區分自我和他人時，就有產生「同理苦惱」（empathic distress）的危險[26]。對工作中經常面臨痛苦情境的人而言，同理苦惱會影響到他們，這也是為什麼有些工作者在面對他人受苦時，常看起來無動於衷的原因。翠莎．道林（Trisha Dowling）是一名有三十年經驗的獸醫。有時她得幫寵物安樂死，而安樂死對飼主往往是非常痛苦的經驗[27]。翠莎自己也有養寵物，所以她意識到，區分客戶的悲傷和自己失去寵物時的悲傷，是很重要的。如果沒能妥善區分，就可能出現同理苦惱，這種對他人受苦產生的負面反應十分悲觀又很自我導向，會讓人想盡快走完安樂死程序，因而在他人心中形成冷漠或不在乎的印象，這也是病患與其家屬最常見的抱怨事項[28]。但他們往往無法理解，醫護人員沒有辦法一直把自己的情感投入進去。我的妻子金（Kim）是醫生，她看過無數醫界同仁無法應付因為面對病患與家屬而產生的同理苦惱，最後要不是轉職到實驗室做臨床研究，就是完全離開醫療業。

我們的回應會在同理心光譜的哪個地方，取決於基因與環境互動的結果。男性一般比女性少一些同理心[29]，同理心的遺傳性也跟其他人格特質（如智力、幸福感）的遺傳性相似，我們在前言已討論過，人格特質的遺傳性是百分之五十左右，這表示要塑造同理心，後天學習和環境是很大的影響因素[30]。對他人苦痛的情緒反應，從新生兒時期就存在了，新生兒聽到其他寶寶哭的時候，也會哭得更厲害[31]，但這不等於是同理心的展現。請記得，嬰兒很自我中心，所以他們想的不可能是嬰兒室裡其他寶寶的幸福。相反的，年紀較大的兒童與成人就可以意識到自我與他人的不同，因而對他人的痛苦能真正同理與關懷[32]。

我們通常會覺得同理心是一個正向的人格特質，因為有同理心表示我們能共感他人苦痛，但其實這種行為也有它的黑暗面：首先，我們要不要展現同理心以及要展現多少同理心，取決於我們同理的對象是誰，以及我們有多認同他們。性別、種族、年齡愈相近，就愈能引發同理反應[33]。同理心對團體內的成員較為強烈，對團體外的人則較微弱，因此偏見其實深植在我們的同理回應中[34]。如果我們對他人苦痛不那麼在意，就可能成為我們對他人困境坐視不管的原因。我們對他人信不信任也會影響到我們的同理心。一項研究請受試者玩與錢有關的信任遊戲，接著請受試者看遊戲作弊的玩家受罰，結果發現男性受試者同理的神經反應較女性受試者微弱[35]。

雖然同理心可能引發同理苦惱，但要**回應他人的困境，我們還有一個更適用**

**也更正向的方式，那就是「憐憫」（compassion）。**這個領域的頂尖學者是德國神經科學家塔妮婭·辛格（Tania Singer）。她解釋了同理和憐憫之間的差異，同理和憐憫都是因他人的苦痛而產生，但相較於專注自我的同理，憐憫的重點是放在他人身上。辛格這麼形容兩者的差異：「**跟同理比起來，憐憫並不是共享他人的苦痛，而是有將溫暖、關懷、關注傳遞予他人的特徵，且想幫助他人更幸福的動力十分強烈。憐憫是因他人困境產生感受，而非與他人『共有感受』。**」[36]

辛格的研究說明了，憐憫是可以學的，而憐憫也會為雙方帶來許多益處。辛格與團隊仔細設計了一項研究，叫做資源計畫（ReSource Project）[37]，在計畫中規劃不同的心理訓練課程，如正念、憐憫、心智化技巧（mentalising），並系統化測量課程帶來的影響。課程包括不同形式的冥想與定期面對面社交互動，執行時間超過九個月。九個月持續參與是個很大的承諾，但三百多位受試者中，退出的竟然不到百分之八，表示受試者一定從實驗中獲益良多。後來也有許多研究持續著眼資源計畫，來探討行為、神經影像、壓力反應等，但重點是，其中最有益的介入課程就是憐憫訓練[38]。憐憫訓練不只能促進利社會行為，還能提升個人幸福感與韌性，因而增強因應壓力情境的能力。

憐憫訓練有兩個環節，第一個是一種特別的冥想，叫做慈愛冥想（loving-kindness meditation，LKM）。慈愛冥想源於古印度，冥想指示會請冥想者先放鬆、閉上眼睛、選一個想到就感到溫暖與溫柔的對象（如孩子或伴侶），接著先把這些溫暖的感覺傳遞給自己，並透過一系列的梵咒，將溫暖傳遞給比以往更大的他者圈。例如，慈愛冥想一開始會先請冥想者複誦「願我快樂，願我安好，願我平安」八次，中間穿插控制呼吸的練習。接下來，再請冥想者將這樣的正向體驗引導到一位朋友身上，並複誦：「願你快樂，願你安好，願你平安。」接下來可能會請他們想一位同事，以此類推。最後，指示會請他們想一個處不好的人，並重複以上練習。這套練習的目標是，把一開始在自己身上的正向感受，延伸傳遞到關係更遠的人身上。

資源計畫憐憫訓練的第二個環節是十分鐘的面對面交談。參與者可以講自己前一天發生的任何一件事，可以是辛苦或感激的事，也可以兩者皆是，基本上就是聊觸動情緒的事情。雖然受試者每週都換一個交談對象，但每週這樣聊下來，他們都感覺到自己與他人的連結感更強了，表示受試者在過程中利用新的方式來應對理解他人的挑戰、揭露並表達脆弱的自我、漸漸變得更加善於社交、因而變得更討喜。社交連結感增強會增加信任感，而我們會在這一課後面發現，信任感是快樂的重要元素[39]。

## 心太軟也會累，從共感到憐憫

憐憫訓練最終成效就是縮短自我與他人之間的距離，但又不會他我不分，導致同理苦惱。換句話說，憐憫訓練鼓勵人少一點自我中心，多一點他人中心，而方法就是敞開心胸。敞開心胸的概念與心理學家芭芭拉．佛列德里克森（Barbara Fredrickson）提出的快樂理論「擴展與建構理論」（broaden-and-build theory）相符[40]。佛列德里克森認為，**除了追尋自己的快樂之外，我們也應該要提升身邊人的正向狀態，目的並非追尋最終狀態，而是打下長期提升身體與心理健康的基礎**。

第四課和第五課裡有提到，占據大腦的偏見，讓我們只把目光聚焦在可能的威脅上，這是演化而來的適應策略，使我們專注在問題上，但我們現今生活的世界愈來愈複雜，威脅多是想像而來，因此限縮自己的注意力可能適得其反。相對於負面情緒，正面情緒會開展我們的注意力、思緒、行為，帶來更多培養智謀（resourcefulness）的機會。在佛列德里克森和團隊的一項研究中，參與者隨機分配觀看不同的影片，一組觀看的影片是企鵝玩耍或暖陽下的平原、河流與山岳，兩種都能引起正向情緒[41]；另一組則觀看電影《證人》（*Witness*）的片段，是一群年輕人在嘲弄阿米什人（Amish），一段會激發憤怒與恐懼等負面情緒的影片。接著，參與者要進行比較任務，判斷兩個圖像之中，哪一個與目標圖像比較相似（見圖6.1）。

這個任務沒有標準答案，圖像A與目標圖像有相似的金字塔形（整體），而圖像B整體形狀雖不同，但圖像裡各個（局部）元素的形狀都相同。看過好心情影片的參與者，會覺得整體形狀都是三角形的圖像A

圖 6.1

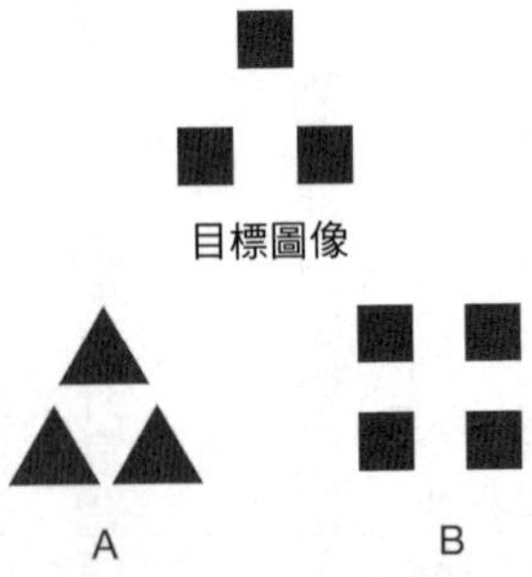


整體與局部之處理任務
（改編自：Fredrickson and Branigan, 2005）

與目標圖像比較相似，而選擇圖像B的人注意力較為聚焦。研究者對此的解釋是，誘發正向情緒之後，人會變得更加開放，而負面情緒則會讓人視野更局限而集中。

在佛列德里克森的模型中，正向情緒會帶來更開闊的思維，而負面情緒則會讓人著重細節。這個觀點很有趣，因為我們會認為快樂就是無憂無慮，而創意天才則是從嚴肅與折磨人的絕望而生。但反過來也成理，快樂的時候，人更有創造力，對新機會的態度也更開放。例如，在正向情緒受誘發之後，參與者面對「地毯」這個詞時，能聯想到更多新奇的字，如「清新」、「飛天」，而被誘發負面情緒的人只能給出一些很容易想到的答案，例如「地墊」[42]。比起烏雲籠罩，帶著好心情談判也比較有機會談到滿意的結果，因為心情好，思維更有彈性，對不同想法也更開放[43]。**因正向情緒產生的彈性思考代表有更高的意願用不同的觀點思考、嘗試新事物、接觸他人，因而形成一個正向的反饋迴路，讓人顯得更討喜**

**友善，而這也就是「擴展與建構」理論可以提升快樂的方法。**

## 吃一樣的米！文化親密感

對他人的開放程度，似乎依你在何處而定。我曾在許多地方居住與工作過，我和許多人都注意到的一點是，有些人就是比其他人還要友善與開放。在英國，蘇格蘭人、愛爾蘭人、威爾斯人（Welsh）、英國北部人的友善是赫赫有名，相較之下，南部的倫敦居民就保守得多，也不太喜歡與陌生人交流。在美國，南方人以好客聞名，波士頓與紐約的人則普遍有著無禮的形象。

當然，這些都只是一概而論的籠統印象，但每個地區之間似乎真的有差異，表示**環境的確會影響我們對待他人的方式**。一項研究的樣本頗具代表性，為四十萬名英國居民。該項研究發現，高度親和性（agreeableness）廣泛分布在蘇格蘭（Scotland）大部分地區、英國北部、西南部、東盎格利亞（East Anglia，譯注：英國東部，包含諾福克郡、薩福克郡、劍橋郡）等地，表示這些地區友善、互信、親切的居民數量多到不成比例[44]。親和度最低的地區主要集中在英國中部和大倫敦地區，表示這些地區大多數的居民都不善配合、愛爭論、脾氣暴躁。

這個現象除了可見於英國，在美國與中國等人口眾多的國家也可見得。我們也許屬於同一個物種，但在世界各地卻有不同的行為樣貌。為什麼會有這種地區性的差異呢？是因為比較友善或不友善的人會各自遷移到所屬地點嗎？還是說，是文化和環境造就了居民的友善性格？

這些問題很難回答，因為文化、歷史、政治、還有很多其他因素都會影響一起生活的個體的心理，但還是有一些很有趣的解釋。身為主修行為科學的學生，托瑪斯·塔漢姆（Thomas Talhelm）的碩士生生活都在人口超過十億的中國度過。一開始，他住在南部的廣州，他注意到，在廣州的超市不小心撞到當地居民時，對方會突然緊繃起來、躲避眼神交流、尷尬的移動身體、避免產生任何衝突。他們在陌生人面前非常害羞，且盡可能避免任何衝突。但是，等塔漢姆去中國北方的哈爾濱時，發現當地人的行為不太一樣，他們更獨立、更容易起衝突、也更外向。為什麼這兩個地區的人會這麼不一樣？

塔漢姆以農耕方式為本，發展出自己的擴展與建構理論。塔漢姆指出，長江以南氣候溫暖多雨，因此過去至少一萬年以來，農民都是種稻；而長江以北的居民則是種植小麥[45]。種植的作物不同，耕作的方式就大有差異。跟小麥比起來，稻米需要兩倍的人力，而且還要灌溉[46]。擁有灌溉系統可使稻米產量增加四倍，但單一位農民是沒有辦法獨力打造或維護灌溉系統的。單一個家庭也沒有辦法提供足夠的人力種稻過活，所以要種稻，農民就得互相依賴，通力合作。灌溉系統也得共享，因為會跟附近的農田共用水源。因此，種稻需要合作，形成共有責任與互相依賴的現象。有可能是耕作模式影響到群體的行為嗎？

塔漢姆分析不同思考方式的心理測量資料，發現小麥與水稻的分別的確如預想中存在，即北方小麥區居民在個人主義（individualism）得到的分數比較高[47]。個人主義強調個體與個體的權益、獨立性、與其他個體間的關係。例如，在研究隱性或潛意識的個人主義時，來自小麥區和水稻區的受試者被要求用圈圈畫出人際關係圖，來展示自己和朋友之間的關係，這種關係圖叫做「社交關係圖」（sociogram）。舉個例子，在下方圖6.2的社交關係圖中，我的朋友有梅爾（Mel）、羅蕊（Laurie）、保羅

圖 6.2

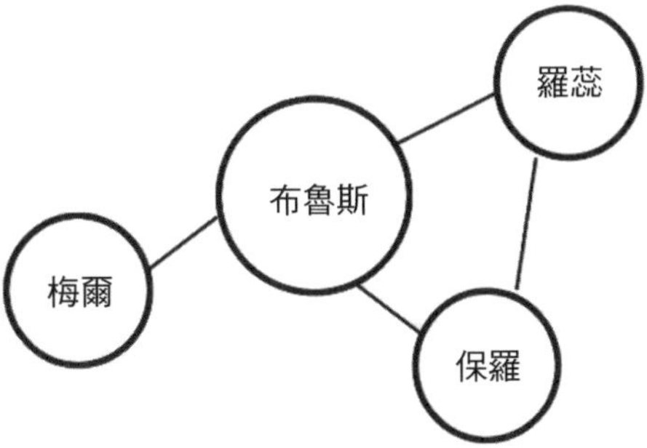


社交關係圖範例，展示個體在社會網絡中的連結情形

（Paul）。羅蕊和保羅彼此也是朋友，但他們與梅爾不是朋友。在這個例子中，我選擇把自己畫得比其他人還大。

受試者畫社交關係圖時，來自小麥區的受試者把自己畫得比朋友大，而來自水稻區的受試者則會把自己畫得比朋友小。來自美國和英國等個人主義國家的人通常都會把自己畫得比較大，而來自日本等集體主義社會的人會把自己畫得比較小，因為他們把個體視為更大群體（如家庭或社會群體）的成員，而非孤立、獨自存在的個體[48]。與集體主義的水稻區居民相比，個人主義的小麥區居民，在思考上更注重分析、也更聚焦。這樣的模式不只出現在中國而已，農耕模式—心理的型態也可在印度見得，而印度也是一個人口大國，且在不同地區各種有水稻與小麥[49]。

實驗室之外的心理測量結果，也與小麥區個人主義和稻米區集體主義的模式相符。個人主義社會的離婚率通常會比較高[50]，這點在中國小麥區當然也是如此。甚至連覺得自己沒有被觀察的時候，人們在公共場合的行為也有個人主義和集體主義的區別。塔漢姆和同事去到中國南北城市的星巴克咖啡（Starbucks），觀察店裡顧客的自然行為[51]。北方小麥區的人更有可能自己一個人（百分之三十五），而南方水稻區在星巴克獨處的比率較低（百分之二十）。接著，研究者在各個星巴克分店中，刻意讓椅子稍微擋住走道，想看看顧客面對障礙會有什麼反應。

由於先前的觀察，研究者的預設是，個人主義文化的人比較有可能改變環境元素來改善情境，而集體主義文化的人則會改變自己來適應情境。結果只有百分之三的水稻地區客人會移動椅子，大多數都是試著從縫隙中擠過去，而小麥區的客人則是有百分之二十會把椅子移開。

個人主義是定義西方工業化國家的主要特徵之一，因此個人主義興起常與經濟成長掛勾。然而，稻米假說就解釋了，為什麼個人主義不單純是現代化的個人財富所形成的結果。世界上有許多富裕國家都是東亞的產稻國家，如日本、臺灣、南韓、新加坡。以世界上其他富裕國家的文化來看，這些國家很不個人主義，他們的共通點是都擁有傳統的稻米文化，或曾被稻米文化的族群殖民[52]。

值得一提的一點是，這些研究的受試者本身都不是農民，而是農耕家庭的後代。有這個現象並不是生物學的原因，而是家庭教育與文化影響的結果。研究觀察到的差異在兒童發展時期顯現，但今日家長對孩子的影響也正在轉變，因為世界交流更加通暢，也能更輕易接收到不同觀點。近期一項研究針對第一代英國孟加拉移民與在英國成長的第二代孟加拉移民的調查發現，雖然第一代傳統的集體主義文化會垂直傳遞給孩子，但第二代的思考更偏向個人主義，顯現其受到同學與無處不在的社群媒體的平行影響[53]。

## 信任，是最不貴也最奢侈的資產

**快樂取決於關係。而講到關係，最重要的就是信任。信任是願意冒險或展露自己的脆弱，期待對方互惠，且不會占你便宜。兩個人互相信任，彼此之間就沒有競爭，且會因共有利益更加強大。**沒有信任，關係命若懸絲；沒有信任，你就不能確定他人不會剝削你，這種不確定會讓你一直處於警惕與擔憂的狀態中。親密伴侶違背信任，也就是出軌，一般認為是所有背叛行為中最痛苦的一種，因出軌而生的報復行為是伴侶兇殺案最常見的動機。奇特的是，兇殺案普遍認為是「激情犯罪」（crime of passion），因此大多數英國與美國的法院都會減輕罪犯刑責，可見關係中的信任對我們來說有多重要[54]。

在功能良好的家庭中，完全依賴他者生存的幼兒會全心信賴父母。在社會發展的過程中，很重要的一部分就是學習誰可以信任，而信任的程度則取決於關係有多親密。關係愈疏遠，信任感就愈低，我們就愈依賴法律規定來確保每個人都遵守規則。金融、醫療、教育、商業都是以信任為本，但都依法運行。

我們會信任他人，是因為我們是社會性動物，需要通力合作才能生存，而合作通常包含著脆弱。為了克服脆弱，人類發展出多種建立信任的方法。如果回想第二課人類演化過程中社交連結的源頭，你就會發現是互惠利他主義促成了人與人之間的信任。我們甚至對此特別敏感，輕易就能找出作弊的人[55]。例如，我們找到違反規定者的速度比找到遵守規定的人還快。

信任重要到我們願意付錢懲罰違背信任的人，就算我們可能會因此付出代價而有損失，也在所不惜。例如，有個研究請受試者玩經濟學遊戲，受試者可以捐一些錢當公共基金，最後這些公共基金會分給大家，其中的風險是有些人可能不會跟大家捐一樣多的錢，卻還是可以分一杯羹[56]。一開始遊戲是匿名進行，但每一輪都會找出作弊的人，而其他人就可以透過付錢得到懲罰的機會，來對這些人「罰款」。即使需要從自己口袋裡掏錢，大家也都願意付錢，以獲得處罰作弊者的權力。但是，過了幾輪之後，作弊的行為就消失了，表示這種「利他懲罰」（altruistic punishment）可以消除作弊策略。這類實驗室裡的經濟學遊戲展現出，信任是團體凝聚力不可或缺的因子。

現實世界中，個體間與團體間的信任各有差異，這也代表社會運作的品質。哈佛大學經濟學家羅伯特・普特南（Robert Putnam）很好奇，為什麼在義大利不同地區，政府機關的貪腐程度和行政效率會差異這麼大。他的研究結論是，社會運作成功需要靠連結、關係、規範、價值觀與非正式制裁，他把這些因素總結成「社會資本」（social capital）一詞[57]。這些因素都到位了，居民就更有可能和諧共存，遵守規範。社會資本高的社區，犯罪率較低、教育品質較高、經濟發展也比較好。社會資本的組成就是參與、責任、還有最重要的：信任。

今日有很多社會都是多元文化社會，表示社會中有很多不同的群體，有不同的群體就可能會引發衝突。我們認同自己的「內團體」（in-group）有別於隸屬「外團體」（out-group）的其他人。但是，要有社會資本，就需要內團體成員間與內外團體間連結產生的信任平衡，兩者缺一不可且各有不同的功能。內團體的連結是由朋友或家人等親密團體中的個人關係所形成，這些人最可能在你個人生活出現危機的時候幫你一把，而內團體連結可以看成是把人黏在一起的黏膠。外團體信任比較像潤滑劑或緩衝墊，可以減緩不同群體與社群間容易分裂的緊張情勢[58]。在現代社會中，真切的外團體信任比內團體信任還重要，因為不同群體互相配合、平等付出，才能讓維持複雜社會凝聚力與完整性的機構組織發揮最大效用。當這些政府機構運作順暢時，外團體信任就能賦予個人權力，讓個人減少對親友的依賴。

賦權與信任是社會順暢運作的關鍵，因而也是幸福的關鍵。賦權可以讓人願意與外團體合作，進而提升信任感、加強社會凝聚力、促進經濟成長，久而久之便讓人更快樂。例如，二〇二〇年世界快樂報告（World Happiness Report）指出，芬蘭、丹麥、挪威、瑞典、冰島等北歐國家過去十年皆名列前茅。這些國家的人民不只比他國更快樂，政府貪汙情況也比較少、社會更安全、凝聚力更強、在許多人類發展指標上也更平等。這些國家個人要繳的稅也比較高，稅收會用在醫療、就業、家庭福利等社會福利政策上，但如果可以增強社會凝聚力，付這些錢應該很值得[59]。

**要快樂，錢的確很重要，但最快樂的國家並不是最有錢的國家，而是最信任他人的國家**。二〇一九年有一項奇特的民眾誠實測驗，研究者把總計一萬七千個裝有錢的錢包放在四十個國家共三百五十五個城市的公共區域，看看最後有多少錢包會還回來[60]。最誠實的國家是瑞士、挪威、荷蘭、丹麥與瑞典，這些國家有百分之七十到八十的人會交還錢包。就如前面所提，這些也是常在世界快樂國家榜上有名的國家。在信任排行榜上排名底端的是美國和英國的富裕國家，中國則墊底。一樣，這些國家相較之下快樂排名也比較後面。當然，這些只是相關而已，不過這些現象的確展現了一個顯而易見的關係：信任是高度快樂的必備因素。除此之外，已執行三十多年的世界價值觀調查（World Values Survey）中，有一題問題如下：「一般來說，你覺得大多數人都可以信任，或你覺得與人相處還是小心為上？」多個調查報告的作者都發現：「比起生活在較不信任他人且不值得信任的環境中的人，社會信任度與機構信任度高的個人，其快樂程度比較高。」他們也指出，幸福感高的人活得比較久、更願意合作、整體來說更有能力滿足生活上的需求、以及如之前所提的更信任他人[61]。

## 尷尬是錯覺，就等你開口互動

為了快樂，我們都需要充滿信任感的關係，即便只是為了躲避孤獨險境亦是如此。但是，我們建立關係的技巧似乎隨著年歲漸漸流逝。二〇一八年，以終結寂寞為宗旨的「打造更多我們」（Be More Us）運動製作了一部威力強大的影片。影片背景在咖啡店，內容是幼童想跟獨坐的大人交朋友[62]，開頭畫面是一個問句：「我們是不是忘了怎麼交朋友？」接著鏡頭展現兒童接近大人，想跟他們交朋友時，大人感到尷尬的場面。孩子會問「為什麼你自己一個人坐在這裡？你的朋友呢？」這類的問題。這些天真無邪的發問很快便卸下大人的心防，大人也漸漸打開話匣子，變得更加友善。當然這部影片是演的，但它的確帶出重點，就是身為大人的我們不太會與陌生人交流，而兒童則很樂意跟任何人開啟對話。

現代生活開啟交流的機會多如牛毛。都市人一起生活和工作，彼此距離十分靠近，但驚人的是，許多人口最密集的都市也是最不友善的地方[63]。都市現代化的確讓人變得更富裕（而財富也與快樂有關），但矛盾的是，大城市居民的快樂程度卻比小社群的更低。其中一個原因，就是距離相近的陌生人習慣忽視彼此。

二〇一六年，一名叫做強納森・杜恩（Jonathan Dunne）的美國人發起一場運動，他發送印有「來場地鐵閒聊吧？」（Tube Chat?）的徽章，想鼓勵倫敦地鐵通勤的乘客聊天，希望乘客能開啟對話[64]。眾人對於這個運動的觀感十分負面，《衛報》（*The Guardian*）報導指出，這個地鐵閒聊運動「引起通勤乘客的恐懼」，這個活動還催生了反對這個活動的「閉嘴！」（Shut Up!）活動[65]，在社群媒體也看得到其帳號。反對活動的發起人倫敦人布萊恩・威爾森（Brian Wilson）甚至還發送了印有「別想跟我講話！」徽章[66]，上面還寫著「讓他們知道，你寧願喝下一品脫漂白水，也不想跟他們講話！」地鐵閒聊運動最終宣告失敗，只有五分之一的人拿了杜恩的徽章。倫敦人真的都那麼不友善嗎？YouGov調查公司隔年的民調顯示，有三分之二的倫敦人不想與同車的通勤旅客交談，且在其他大城市中，有大約一半的人也都這麼認為。

我們有些人會積極的躲避社交互動。美國人潔西卡・潘（Jessica Pan）是位內向的記者，她記錄了自己練習社交一整年的經歷，將這份報告取名為《抱歉我遲到了，但其實我根本不想來》（*Sorry I'm Late, I Didn't Want to Come*）[67]。就跟很多會躲避社交互動的人一樣，潘一開始也是用內向者的標籤當作藉口，迴避出外與人互動，但很快她就發現，她自我照顧的生活和夜晚總是待在家的行為，其實是限制了自己，因為她看到自己錯過了很多很棒的機會。因此，她開始積極投入極度社交的活動，從使用建立友誼的手機應用程式，到在愛丁堡國際藝穗節（Edinburgh Fringe festival）出演單口喜劇（stand-up comedy）都有。因為是內向者，她預設自己應該會對這些社交行為恨之入骨，但做到後來，她開始體會到與他人連結的好處。**講到社交互動，有時我們得挑戰自己原有的預設。如果逃避能夠與他人連結的機會，我們就可能因為孤立而累積愈來愈多的不快樂。**

二〇一四年，有一項深具影響力的研究，叫做「誤尋孤獨」，研究者尼可拉斯．艾普利（Nicholas Epley）和朱利安娜．施羅德（Juliana Schroeder）記錄了一系列研究，這些研究探查芝加哥通勤族對於與陌生人談話的態度，以及這些隨性互動對心理健康的影響[68]。就如我們在強納森·杜恩的活動中看到的一樣，大城市的人通勤時幾乎不太與人交談，甚至會主動與其他通勤乘客保持距離。艾普利和施羅德想知道為什麼他們會這樣。是因為跟陌生人互動就是件不開心的事，所以我們躲避？還是因為我們誤以為跟陌生人講話會不愉快？回答「是否會與候車室的陌生人交談」這個問題時，兩百零三位受試者幾乎全數（百分之九十三）都說不會，也有很大一部分的人（百分之七十六）說他們在火車上會刻意避開與他人交談的機會。

在艾普利和施羅德的研究中，研究助理會請通勤族與陌生人交談、獨自坐著、或做自己平常搭車時會做的事，並請他們搭完車後填一份問卷。研究助理也請其他組通勤族想像，如果請他們聽從一樣的指示行動，這些體驗會是什麼樣子。研究結果顯示，從零分（非常不開心）到六分（非常開心）中，被要求與陌生人開聊的通勤族在搭完車後比其他兩組還開心，而獨自坐著的那組通勤族下車後則產生負面感受。這些真實反應的模式與只填問卷的受試者回應完全相反。也就是說，我們以為搭車時獨處會是最開心的體驗，找陌生人聊天會是最慘的，但事實完全相反。後續研究證實，這是因為通勤族預想找陌生人交談是負面體驗，但如果請他們想像對話成功會有什麼感受時，通常感覺就會變得比較正面[69]。也就是說，大家都知道多交流是好事，然而因為預想嘗試與他人對話會失敗，這個想法便阻礙了一開始想交談的企圖。

大家不太找陌生人交談的一個原因，是覺得這樣不太禮貌或會打擾對方，也擔心自己與對方沒有共通點，或更慘，自己會被忽略或拒絕。這並不是因為先前有過慘痛經驗才這樣覺得，如果每個人都這樣想，就會形成「多數無知」（pluralistic ignorance）的現象，即所有人都相信其他人對交談沒什麼興趣[70]。信任和誠實也是一樣的道理。在前面講到的錢包實驗中，包括專家在內的大多數人預測誠實歸還錢包的誠實度，比實際測出來的低上許多。對住在同一個城市的夥伴，我們總是容易抱持著不太好的觀感。

多數無知也解釋了在「他人是否喜歡自己」這件事上，很多人會有的認知落差[71]。我們以為大家不會喜歡自己，但事實並非如此。甚至是交談過後，我們還是會低估對方喜歡我們的程度，不管是與陌生人交談、大一新生互相認識、或工作坊學員一起交流，人很容易覺得他人不那麼喜歡自己，但其實並非如此[72]。

人也會高估自己所謂的失敗在他人眼中有多明顯。所謂「聚光燈效應」（spotlight effect）就是傾向假設他人會注意到我們的缺失，但實際上並非如此。在聚光燈效應最初的研究中，研究者請大學生穿著印有巴瑞．曼尼洛（Barry Manilow，譯注：美國老牌創作歌手）的鮮黃色上衣去學校上課，這在大學生這個年齡層之間絕對不是什麼很酷的穿著。接著研究者請大學生估計，有多少同學注意到他們穿這件如此顯眼的衣服，他們猜大約全班半數，但其實真正注意到他們穿著的只有四分之一。我們常會高估其他人有多注意我們，而這樣的想法就會扭曲我們客觀比較的能力。我們都會做丟臉的事，也都會因此困擾，但要記得，大多數人根本就不會注意到，簡報和表演的時候尤其如此。你可能覺得自己的失誤很明顯，但其實觀眾根本不知道你搞砸了。

人類是社交動物，需要互相依賴，身體和心靈才會健康，但諷刺的是，我們最大的恐懼就是其他人。害怕錯失、被排斥、被放逐、不被尊重、低自尊、公開場合說話、尷尬、被嘲笑，這些都只是幾個大多數人對社交恐懼的範例。但是，在大多數時候，這些恐懼都只是幻覺，只是從自我中心的自我投射出來的假象。也許跟陌生人交談或交新朋友並不是件容易的事，但如果你不試，就永遠不會知道其他人有多喜歡你。

## 快樂小練習

- **多參加能與他人同步的活動**：別自己一個人看電視上的活動播出，邀幾個朋友一起看吧。若有機會，也不要只看電視上的活動，而是直接去參加現場活動。這些體驗可以創造出與他人共享的回憶。
- **社交互動時就放下手機**：把手機放在口袋或包包裡。手機是分心的來源，也會降低幸福感，手機存在也代表你在跟他人談話時，並沒有全心專注在他人身上。
- **練習積極聆聽**：專心注意對方說的話，少說一點，多聽一點，問一些有趣的問題，並提供有建設性的評論。
- **學著信任他人**：就從展露自己的脆弱開始，你可以用這樣開頭：「要我承認這點會很緊張，我要說的是……」
- **找陌生人聊天**：練習找陌生人聊天的最佳起點是餐飲業，找服務生之類的工作人員聊天，因為在這種場合找陌生人閒聊非常合理。起頭最好的方法是閒聊，如果情境恰當，可以試試看讚美別人。如果對方不願交談，就不要勉強。最重要的是，保持謹慎，保持安全。跟陌生人說話時，在有其他人的公共場合是最好的。

接軌外界2

第七課

# 跳脫思考

別只活在「想法」裡，世界正等著展開

我們的腦袋從沒停下來過。早晨醒來，還沒睜眼，就開始擔心今天的待辦事項；晚上躺在床上，明明身體已經累了，腦中卻還在重播白天說過的話、做錯的決定。想停，卻怎麼也停不下來。

我們常以為，解決煩惱的方法是「想清楚」，但很多時候，問題不是想得不夠多，而是想太多、想太滿、想不出來。思考變成一種困住自己的習慣，讓我們愈陷愈深。

這一課，我們將一起探索：如何在過度思考的洪流中浮出水面？從冥想、創造力到改變視角，我們會練習用不同的方式和大腦對話。跳脫思考，並不是要你停止思考，而是學會選擇——什麼值得想，什麼該放下。當腦袋安靜下來，快樂才有空間進來。

在本書中，我們學到人類經演化成為社交動物，需要依賴他人才得以生存，也才能獲得心靈支持。我們一開始是無助的嬰兒，需要父母呵護，並天生就會與父母形成情感連結。一開始，這些連結只存在於直系親屬之間，後來隨著成長，我們建立起穩定的社交身分，並與他人組成團體後，這種連結便延伸到朋友和他人身上。以個人來說，我們先是從自我中心的自我感開始，後來慢慢與他人整合，但我們自我中心的偏誤從未完全消失。當我們受到威脅、感覺到壓力時，我們就會回到專注自我的狀態，回到自我中心的自我。這樣會有問題，因為我們只要用自我中心的觀點來看事情，就會擔憂和反芻負面想法。我們想要追尋快樂，但常做出失準判斷和特別關注負面消息的大腦，卻阻礙我們追尋快樂的路，尤其大腦會特別關注影響我們社交地位或讓我們被排擠與孤立的事情。透過這本書，我認為，只要我們不要那麼自我中心，就可以減少負面思維、強化與他人的連結、進而變得更快樂。在這一課，也是最後一課，我想要回到第一課的重點，也就是我們應該改變自我，用其他方法變得更加以他人中心。我們既可以透過與他人連結做到這點，也可以一個人做到這點，只要跳脫自己的思考就能做到。

## 跨越日常的覺醒之旅

一九九六年提摩西．李雷（Timothy Leary）過世的那天，我人在哈佛大學心理學系的辦公室裡工作，有人敲響我的門。曾被美國前總統尼克森（Richard Nixon）稱為「全美最危險的人」的李雷，因為在一九六〇年代大力倡導迷幻藥物而惡名昭彰[1]。由於李雷曾在我這個系擔任過心理學教授（後來被解僱），一位《波士頓環球報》（*Boston Globe*）記者勇敢來訪，想從李雷前同事口中問出一些想法，或李雷曾說過的話。我說，李雷在這所大學教書的時間比我早太多，所以沒與他共事過，也沒有任何意見可發表。但記者離開後，我回憶起自己二十年前還是青少年時，在蘇格蘭接觸迷幻藥物的點滴。

十五歲時，我的嗜好是探測金屬。我會在公園裡花上數小時挖找數十年前或甚至幾世紀以前的硬幣。這是個非常引人入勝的愛好，因為你需要長時間專注，聆聽探測器任何突發的聲響，以找出埋藏在土中的寶藏。大多數時間，我都拿著金屬探測器來來回回移動，低著頭尋寶，對其他人毫無所覺。直到有一天，我注意到一群年紀較大的男孩也低著頭走來走去，好像在找些什麼。而使用金屬探測器的人除非是組隊出行，否則地域感都是很重的，所以我走上前去盤問他們，結果發現，他們完全不是在找失落的硬幣。那他們在找什麼呢？原來是在找一種小小的迷幻蘑菇，稱為「魔菇」（magic mushroom）。

當時的我就跟大多數青少年一樣，對什麼都躍躍欲試。發現這種天然、免費、當時也合法的迷幻活性成分「裸蓋菇素」（psilocybin，又稱「賽洛西賓」）的來源後，我和自己的朋友有無數夜晚都在進行魔菇之旅。雖然後來我不再使用魔菇了，但我覺得這場年輕時使用迷幻魔菇的經歷改變了我。

如果你曾用過迷幻藥，我就無須解釋迷幻之旅是什麼樣子；如果你沒用過迷幻藥，那實在是難以跟你說明，但我會試著解釋看看。第一小時，毒素開始發揮作用，你會不斷噁心反胃，接著會有多股暖流像海浪般從體內升上來，最後你會迎來應接不暇的狂喜（euphoria）階段。不同毒物會產生不同的感官反應，但這不是迷幻之旅會對一個人的人生影響這麼大的原因。

在迷幻旅途中，大腦的每一個元素都變了，包括你的感官經驗、感知、情緒、認知。每一種意識體驗都扭曲強化了，因而出現新的機會供你探索發現。食物的味道不一樣了、音樂旋律更加動聽、每個人都變得更美、大自然更是絕妙透頂，一切都變得如夢似幻、超脫自然。植物和樹木好像在呼吸，大自然全都活了過來。你能感受到勢不可擋的快樂。讓迷幻藥這麼充滿威力的，並不只是因為它能讓你經歷狂喜，更是因為它讓你有了探索現實世界的新方式。你會對宇宙和萬物嘖嘖稱奇；你覺得自己終於覺醒，好像以往一直住在無聊的世界中，現在終於可以把一切看得清楚；你覺得自己跟宇宙連結了起來。迷幻藥摧毀了你生活中一直以來依賴的、既正常又無聊的自我感。

快轉到四十五年後，現在的我是個倍受尊敬的心理學教授，不再使用迷幻藥，也不建議任何人（像李雷那樣）使用迷幻藥，這絕對不是每一個人都適合。迷幻藥除了違法之外（英國政府於二〇〇五年將魔菇視為非法物質），還可能對某些人的心理健康產生有害的副作用，尤其是容易產生廣泛焦慮症的人[2]。迷幻藥產生的幻覺與自我感扭曲，可能會導致喪失自我感和解離。反過來說，如果你的人格特質在專注性（absorption）、開放性、接受性的分數很高，且又處於臣服狀態（surrender，即釋放自己目標、建構、習慣、偏好的意願），那你就比較有可能擁有正向的體驗，也就是「美好的旅程」。在逐漸成長中的小規模迷幻藥效果的研究，一項針對這些研究的系統性分析顯示，擁有以上這些特質的人最可能在用藥後產生「通靈」體驗[3]。值得注意的是，這些正向的因子和較弱的自我中心觀點與較強的他人中心觀點有關。處於臣服狀態、帶著正向開放心態使用迷幻藥的人，更容易得到正向的自我消融（ego dissolution）體驗。

反之，與焦慮、憂鬱、困惑有關的狀態和特質，以及不願放下強烈自我中心的觀點，就比較容易導致用藥後產生負面反應。

雖然可能有負面影響與副作用，臨床上仍愈來愈多人好奇，可否使用迷幻藥來治療傳統療法無效的憂鬱症與創傷後壓力症候群。研究指出，在妥善監督、病患人格事先做過衡鑑，且病患本人同意的情況下，迷幻藥輔助治療都非常有效。一項臨床研究表示，有將近四分之三（百分之七十一）的難治型憂鬱症病患在使用迷幻藥療法之後，病況大幅好轉，且持續了四週[4]。與其他藥物或娛樂用藥不同，迷幻藥依賴與成癮的風險很低，因此成為治療寵兒。二〇二三年，奧勒岡州（Oregon）成為美國第一個合法化裸蓋菇素的州，允許將裸蓋菇素用於迷幻藥輔助療法，其他如克羅拉多州（Colorado）、康乃狄克州（Connecticut）、加州（California）則正積極研議相關修法事宜[5]。看來迷幻藥復興正在路上，不過，雖然各地（包含英國倫敦）正如火如荼進行迷幻藥效的相關實驗，但除了美國這些州以外，其他地方近期並沒有將迷幻藥合法化為臨床使用的計畫，關於迷幻藥治療的成效也尚在評估[6]。輿論對迷幻藥輔助療法的看法兩極，有人大力支持，也有人極力反對，因此在可預見的未來，英國法律暫且未見改變的可能。

迷幻藥在臨床治療上對憂鬱症有療效的其中一個原因，是迷幻藥可以影響形成自我感與對他人觀感的大腦機制。迷幻藥往往會帶來通靈體驗、自我消融、甚至自我滅絕，並感覺和宇宙的連結逐漸加深。俗稱「LSD」的麥角乙二胺–23（Lysergic Acid Diethylamide-23）是一種與裸蓋菇素相似的合成迷幻物質，威力強大。而大腦影像研究顯示，LSD會影響我們在第五課講到的預設模式網絡，而針對LSD使用者的研究結果也與腦部影像結果一致，即LSD改變了他們的自我感與對他人的連結[7]。

眼前的現實改變了，這樣生動又逼真的體驗，在裸蓋菇素藥效消退之後，仍能存在良久。迷幻藥治療結束之後，病患往往表示，迷幻之旅對他們而言是改變人生觀的關鍵體驗。現在的我看到樹木，仍可以回憶起用藥時，那種感受到樹木呼吸、隨生命脈動的感覺。早期使用迷幻藥因而失去自我感這些經驗，對我產生深刻又長久的影響，不只在我的私生活，也影響了我的職涯。迷幻之旅帶來自我的暫時解構，讓我意識到，我的自我感是建構而來的[8]。有些人可能覺得這很嚇人，但對我來說，這個概念讓我覺得解脫，且改變了我的看法。

## 以「驚奇感」開啟美好體驗

縱觀人類歷史，人類一直以來都會利用迷幻藥的各種形式與製劑，通常是通過儀式典禮，來達到狂喜與改變自我的狀態[9]。但有些人對使用迷幻藥比較謹慎、或認為迷幻藥的負面特性會使其產生負面反應，又或者純粹奉公守法，所以他們會透過其他方法，達成沒那麼極端的自我表徵轉變。世界各地都有人透過宗教儀式等儀式活動來轉換自我感，且無須使用藥物。土耳其穆斯林的旋轉舞就是透過高度儀式化的舞蹈，來達到催眠狀態。舞僧右手朝上，左手朝下，逆時針旋轉的同時吟誦阿拉之名，頭戴象徵自我墓碑的帽子，身著代表自我壽衣的白裙，而旋轉則意味自我的死亡，以及靈魂與阿拉合一。

**其他涵蓋同步活動或團體吟唱的宗教或世俗儀式，也證實可以改變自我感、引發狂喜感受。可以達到這種狀態，同時促進合一感、提升幸福感的絕佳活動，就是加入歌唱團體或合唱團**[10]。一項研究請十八到八十三歲的受試者先測量疼痛閾值、幸福感、與他人連結感，接著請他們參與歌唱、創意寫作、或手工藝課[11]。與他人連結感是用「自我涵蓋他人量表」（Inclusion of Other in the Self

Scale，如圖7.1）來測量，用圖示來展現自我與他人之間的關係[12]。以重疊的圓圈來表示自我和他人，用來衡量相對的自我中心與他人中心程度。

這些課程開始後不久，研究者就對各小組進行抽樣調查，接著在課程三個月與七個月後又各抽樣了一次。所有參與不同課程的受試者，在這段期間的正向分數都增加了，顯示團體活動整體而言是有益的，但歌唱組在幸福感和與他人連結感方面，成長幅度更大、提升的速度也更快。他們自我中心的自我轉移了，變得更與他人合一。

會改變自我的活動，是正向心理學介入的基礎。美國加州大學柏克萊分校（University of

圖 7.1

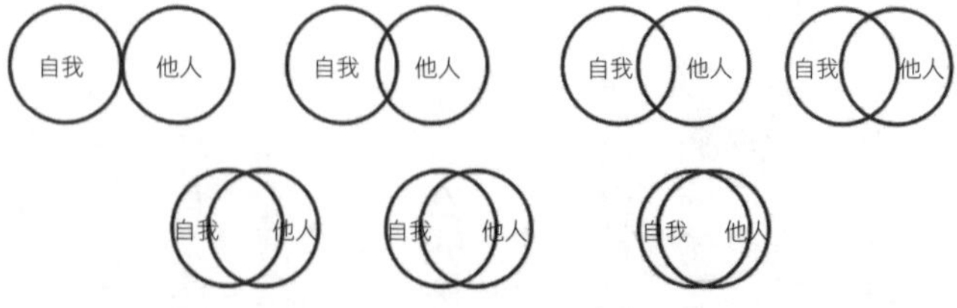


「自我涵蓋他人量表」中，自我與他人重疊的程度，是衡量相對自我中心與他人中心的方法（改編自：Aron et al., 1992）

California, Berkeley）至善研究中心（Greater Good Science Center）為歷史最悠久的正向心理學研究機構，倡導正向心理學的時間超過二〇年[13]。如果看至善研究中心推薦的八十多種活動，就可以發現大部分活動都是直接或間接跟自我感有關。無論是展現憐憫或表達感謝等仁慈的利他行為，或是去大自然散步、冥想靜坐等較沉靜的獨處活動，都是將我們的觀點從自身移開，靠近他人。即使是眾所周知的愛自己，也就是對自己有更多憐憫，也都需要你跳出自我中心裡絕望情緒的無限迴圈，用更客觀的方式看待自己，就像是對待朋友一樣。這就有點像是我們在第五課講到的心理距離。

**另一種改變自我的方式是透過外來體驗影響自己的情緒，產生欽佩與敬畏的感受。令人印象深刻的體驗可能既盛大又迷人，因而引發類似自我改變的狀態。**觀賞大峽谷或透過望遠鏡欣賞銀河無數繁星，都能讓你感覺自身的渺小與無足輕重[14]。在這之中會產生一種極度深切的體驗，稱為「綜觀效應」（overview effect），這個效應會在幸運兒從外太空俯瞰地球時發生。太空人艾德加・米切爾（Edgar Mitchell）形容這個經驗如同「感知急遽擴張」、「合一感與連結感蜂擁而來……還有狂喜……與頓悟」[15]。

我們說這種體驗令人「嘖嘖稱奇」（awesome），但這個詞因日常頻繁使用而失去了它的意義，彷彿隨便一件事似乎都可以用它形容。但儘管如此，真正令人稱奇的體驗，會讓心中充滿驚嘆與驚奇，精神為之一振。看書、觀戲、賞樂、參訪尼加拉瓜大瀑布（Niagara Falls）都能給你這樣的體驗。在驚奇時刻，我們關注的重點不會在自己。這種時刻能帶來喜悅，不只是因為我們不再煩惱自己的問題，更因為驚奇體驗讓我們與比自身更大的存在擁有更深的連結。

**在驚奇狀態時，我們會用不同角度看待事情，包括看待自己的問題**。其實，已經有研究證明，人在體驗驚奇時，會覺得自己的身體變小了。[16]一項研究請已經退休的受試者每週到大自然進行十五分鐘的「驚奇漫步」，並持續兩個多月，結果發現，受試者表示散步時心情會變好，也有更多利社會的正向情緒，除此之外，他們的自拍照中，自己的比例比較小；相較之下，沒有驚奇漫步組別的自拍照中自己的比例就比較大[17]。退休受試者在大自然漫步的次數愈多，他們自拍照中自己的比例就愈小，就表示愈來愈覺得自己是更大存在的一部分。然而，尋求這類體驗並非變得更快樂的長久策略，因為就如同我們在第三課說的，大腦天生就容易習慣。如果你重複讀同一本書、看同一部電影、聽同一首歌、去同一個自然景點、賞同一片夜景，那驚奇體驗終究會消失。要對抗這種容易熟悉的傾向有一個方法，就是找尋新的驚奇體驗。

**讓體驗驚奇的能力復原還有一種方法，那就是像孩子一樣好奇**。一項針對五歲以下幼兒的研究發現，孩子跟大人對話時，平均一個小時會問七十六到九十五個問題[18]。問問題會讓大腦試著理解這個世界，因而刺激快速發育中的大腦。第一個問題通常都是從「為什麼」開始。「為什麼是這樣？」這個問題十分常見，但就如已故的偉大物理學家理查・費曼（Richard Feynman）所說的，這種「為什麼」的問題沒有可以滿足對方的答案。Youtube上有一部深具洞察力的影片，觀看數超過一百五〇萬，影片中，訪談者詢問費曼這位諾貝爾獲獎物理學家，磁鐵是怎麼運作的[19]，而費曼回答：「磁鐵相互排斥。」訪談者氣急敗壞的問：「那是什麼意思？為什麼磁鐵會這樣？它們怎麼會這樣？我覺得這個問題非常合理啊！」費曼停了一會兒，深吸一口氣，然後說：「當然，這個問題非常好，但你看，問題是你在問這件事為什麼會發生的時候，另一個人要怎麼回答為什麼這件事會發生？」接著費曼舉了一個例子：「為什麼米妮阿姨在醫院？因為她摔斷腿。為什麼她摔斷腿？因為她在冰上跌倒了。為什麼她會在冰上跌倒？因為站在冰上很不穩定。為什麼站在冰上很不穩定？」接著費曼繼續說：「你會開始對這個世界與其複雜性有很多有趣的了解。如果你再繼續跟進，就會往不同的面向深入下去。」費曼的重點是，宇宙的任何一種狀態，都有一條永遠不會斷的解釋鏈。這種重複不斷的提問反映出宇宙萬物其實都相互連結著，但我們沒有真正思考過這點，因為我們大多數時間都專注在當下的自己身上。如果我們花點時間，停下來進行更深入的思考，我們就會擁有更深的連結感。

如果看到一棵雄偉的樹或一棟古老的建築，你可以問：「它是怎麼來到這裡的？這棵樹是誰種的？這棟房子是誰蓋的？在它們之前，這裡有什麼？」我們已經討論過正念可以讓我們更能品味當下，同時也可以對周遭環境發出更多深刻的疑問，就算我們不是科學家或歷史學家也沒有關係。獲得知識和理解事物會帶來喜悅，但由於受過正規教育和忙著過大人的生活，我們似乎失去了那樣的喜悅。試著再當一次孩子，發掘世界的驚奇美妙吧。

## 無私共享，讓開心延續

我們必須少點自我中心，多一點他人中心，才能變得更快樂，但我們獨自一人的時候，也可以減少自我中心的視角，方法就是沉思冥想，或做一些能讓你平靜安適的事情。不被自身問題的侵入性想法干擾時，就可以抵達豐盛的獨處狀態。就如專欄作家瑪莉亞・波波娃（Maria Popova）、神經科學之父拉蒙卡哈（Ramón y Cajal）等科學家、以及巴布・狄倫（Bob Dylan）等藝術家都盛讚過獨處的美德，因為獨處可以激發創造力[20]。這種靜謐時刻，就是我們狂亂日常的綠洲。

我們在第五課談過心流，也就是專注時刻產生的正向心理狀態。另一種做法是，在現代世界二十四小時都要求我們關注時，偶爾來點獨處時光。這點在講到數位裝置時尤其如此，數位裝置已成為我們生活中不可或缺的一部分，需要我們持續回應。大部分的數位經濟都會纏著我們，提供我們資訊，而這些資訊會用來開發與改進新市場，這需要我們參與，而我們參與的活動會由精明的系統捕捉，這個精明系統設計的用意則是讓我們持續上線。然後還有愈來愈自動化、愈不符合人性的系統，如此複雜的情況也正主宰我們的生活。訊息、電子郵件、密碼、重設密碼、網路資安檢查，各種瞬息萬變的數位世界所產生的雜音，都可能讓人無力招架。我曾認為自己相對之下是滿會使用科技的，因為我學生時期曾學過怎麼寫電腦程式，但科技不斷進步，現在我覺得自己落後了。

在這本書裡，我一直倡導要少一點自我中心，但我不覺得我們有辦法或應該要把自己全數消滅。近期針對改變心智狀態研究的回顧報告指出，無論是用藥物、通靈體驗或宗教儀式，提升快樂的結果，比起來自喪失自我，更有賴於「合一感」與「連結感」[21]。如同先前提過的，自我滅絕會產生痛苦的失自我感。法國心理學家麥克・達姆布倫（Michael Dambrun）指出，講到自我，不一定只能是單選題[22]。而說到快樂，也不一定是「我或他人只能擇一」。自私與無私是一體兩面，偶爾善待自己，偶爾服務他人，兩種都能讓我們快樂，但有趣的是，我們在不同的自我相關行為模式時，感受到的快樂也有差異[23]。**自我中心的行為會產生浮動的快樂，而為了他人的無私舉動則會產生更持久、更真實的快樂**。

自私的行為會產生浮動的快樂，是因為自我中心的行為需要清楚定義自我感，將自我和他人清楚區分開來。我們界定自己獨立、優於他人、值得我們給自己的獎賞。我們懂自己，知道自己要什麼，有動力獲得愉悅（「我現在很想吃冰淇淋」）並避開不喜歡的事物（「最好不要起衝突！」）。這樣的偏見與偏好一開始也許會強化我們的自我，但得到的好處只是一時，就如在第三課所說，我們很快就會適應，因此從自我中心觀點來觀察我們的快樂時，快樂一變化，我們很快就會察覺到。以追求目標為主的自私行為也很仰賴外部環境，但外部環境可能無法掌控且變動很快（「冰淇淋店有開嗎？我可以用外送點冰淇淋給我自己嗎？」）。依賴外部環境，代表達成目標受阻時，會有更大機率產生挫敗、憤怒、敵意等情緒，這也是自我中心的酬賞更受限時間、依賴情境的原因。

反之，無私的基礎是他我之間微弱的分別與更大的連結感。無私行為讓人感覺自己與環境（包括與他人）、與自己都更加和諧，因此，與只從自我的角度出發相比，以較不具對抗性的方式來適應和包容他人與環境，就能為團體帶來快樂。由於無私行為對外部環境變化的抵抗力較強，形成的幸福感也就更穩定。因為以上原因，自我中心的快樂在個人層面的波動會比在團體層面的波動大得多。也就是說，如果我們是獨自完成一個愉快的活動，形成的快樂會消退得很快，而如果是跟他人一起完成的活動，快樂則會持續得比較久。例如，也許你很喜歡在洗澡時唱歌，但在合唱團跟大家齊聲歌唱時，唱歌的威力會更加強大，因為你可以跟他人同樂，享受連結感。這個論點受到研究證實，這些研究使用了「經驗取樣法」（experience sampling），研究者會在實驗當週聯絡受試者，次數隨機，以此判定受試者快樂的程度[24]。結果發現，自我中心活動產生的快樂不僅比團體活動來的快樂程度還低，波動程度也更大。

做自私行為所感受到的快樂時間較短暫、更不真實的最後一個原因，是我們騙不了自己。如果提供和接收正向體驗的都是自己，那這個正向體驗不再讓我們快樂時，我們也心知肚明；但如果我們是為了團體做事，我們不知道他人在想什麼，所以我們就可以想像，就算沒有全體，也會有一些人仍然受益於為整個團體創造的正向經歷。透過分享快樂，我們創造了更長久持續的共同享樂經驗。簡單來說，你可以選擇讓自己快樂，但這樣的快樂不會比你讓他人快樂還持久，因此讓他人快樂就是同時為自己和他人的生活增色，持續時間還更長久。

現在你已經讀完好好生活的七堂課了，那你應該已經知道，讓他人快樂，你也會快樂。重點就在於兩者之間的平衡。

**快樂小練習**

- **重啟童年好奇心**：多問「為什麼」，重拾學習的樂趣，更深入了解自己的日常。
- **在自己的社區走走**：找找看有趣的建築與遺跡，思考關於它們的一切、誰建造它們、又有誰住過這裡。練習找找看你從沒有注意過的事物。去國家公園或任何驚奇的自然景點走走，專注在體驗本身，有些樹可能已經有百年歷史了。
- **找一個晴朗的夜晚出門觀星**：想想宇宙的空間和時間是多麼浩大，恆星的光要花費數十億年才能抵達地球，比地球的年齡都還要長了。
- **每週撥點時間從事讓自己開心的嗜好**：找跟你有一樣興趣的人一起，享受他們的陪伴，可以一起活動，也可以討論這些活動。
- **去上課**：唱歌是增加幸福感與連結感的捷徑。如果你不愛唱歌，那其他課程也可以讓你更快樂，並提升連結感。

- **規劃他人也喜歡的團體活動**：比如說規劃出遊或一起吃飯。什麼事跟大家一起做，都會更開心，而你會因為做出無私的舉動更有人緣。

# 後記

我不再像混沌青年期時那樣沉迷於迷幻藥了。現在，你比較有可能會看到我抓著我的金屬探測器，在我鍾愛的薩默塞特郡（Somerset）走來走去。金屬探測就跟許多人投入的嗜好一樣，對我的快樂很有幫助[25]。只要我覺得需要平靜一下的時候，我就會出去探測金屬。這種消遣活動結合了自然漫步、運動、欣賞周遭環境、專注在探測器聲響、與偶然出現的好奇村民聊天，以及偶爾發現什麼有趣的東西，難怪我會覺得金屬探測這麼有成就感。丹麥近期研究發現，金屬探測愛好者認為這項愛好對他們的健康與快樂有長久且正向的影響[26]。受訪者表示，金屬探測活動可以緩解其心理疾患特定的症狀，尤其是憂鬱和焦慮，然而，研究作者的結論認為，主要的益處是因為探訪與考古遺跡產生了連結，也就是和過去產生連結感。

今年我生日那天，我在住家附近的田地發現一枚古硬幣，它是在距離我們一千兩百多英里的羅馬鑄造的，年代大約是公元一百七十年。當時，附近擁有天然溫泉的「蘇利斯之水」地區（Aquae Sulis，即現在的巴斯）是羅馬英國的頹廢中心。硬幣其中一面是馬可．奧理略（Marcus-Aurelius）的頭像，他是羅馬帝國鼎盛時期五位好皇帝中最後一位。愛爾蘭演員

馬可．奧理略硬幣，來自公元一百七十年的羅馬鑄幣廠

理查・哈里斯（Richard Harris）在電影《神鬼戰士》（*Gladiator*）中扮演的就是他。他不僅是一位帝王，也是斯多葛派哲學家之一，曾撰寫關於快樂的文章。馬可・奧理略深知自我中心主義的禍害，據說他曾僱用一名助手，當有人跟他下跪或稱讚他時，他的助手就得在皇帝耳邊輕聲說：「你只是個平凡人，你只是個平凡人。」

馬可・奧理略最有名的一句話是：「人生的快樂，取決於思想的品質。」這句話說得太對了。想像一下，我手中正握著一枚古硬幣，上一個摸過這枚硬幣的人是兩千多年以前的人，我心中有會有多麼欣喜快樂。那個人是誰？是羅馬士兵？還是不列顛人？他們會怎麼看待金屬探測和所有現代世界的神奇萬物？在那個時刻，我想到時間的偉大與人類走過的旅程，便感到強大的滿足感和與全人類的連結感，而這讓我感到很快樂。

掃描 QRcode
從「註釋」看快樂證據

# 致謝

這本書是我花了五年浸淫在正向心理學中方能寫成，如果沒有科學家建立這個領域，我是沒有辦法寫成這本書的，這些科學家包括馬汀・塞利格曼、米哈里・契克森米哈伊、艾德・迪納（Ed Diener）、丹・吉爾伯特、艾德・威爾森、索妮亞・柳波莫斯基（Sonja Lyubomirsky）、芭芭拉・佛列德里克森、達契爾・克特納等。想到有這麼多人的研究在我之前，我就覺得自己擅闖了這個領域，但我的確相信，自己帶入這個領域的發展觀點是新穎且有價值的。

我想將這本書獻給與我相識共事三十年的人，但我要特別感謝在布里斯托大學負責「快樂的科學」課程的勞麗・桑托斯（Laurie Santos），以及我的同事莎拉・傑爾伯特（Sarah Jelbert），她們在課程成立後加入我的行列，協助講授課程。沒有勞麗與莎拉，這門課程就不會如此成功，我很幸運能與如此優秀的同事共事。

我也非常感謝布里斯托大學、伊莉莎白・布萊克韋爾研究院（Elizabeth Blackwell Institute），特別是詹姆斯・羅文（James Rowan），他們為「快樂的科學」課程提供極大的支持；另外還有朱迪斯・史奎斯（Judith Squires）、大衛・史密斯（David Smith）、坦西・傑索普（Tansy Jessop）、寶拉・庫納蒂（Paula Coonerty）和其他資深管理人員。最後，我要感謝我的編輯阿薩拉・塔希爾（Assallah Tahir）和助理編輯索菲亞・阿克塔（Sophia Akhtar），他們對我早期的書稿提供了寶貴的回饋，並提醒我這是一本關於快樂的書。傑米・馬歇爾（Jaime Marshall）是這本書背後的能量與智慧。我認識傑米多年，他是我的朋友，現在則是我的經紀人，我期待著能一起寫更多的書。

心靈漫步

**練習更快樂**：哈佛教授教你活出美好人生的七堂課

2025年6月初版　　定價：新臺幣400元


| | |
|---|---|
| 著者 | Bruce Hood |
| 譯者 | 鍾榕芳 |
| 叢書編輯 | 賴玫秀 |
| 副總編輯 | 陳永芬 |
| 校對 | 蔡佳珉 |
| 內文排版 | 王信中 |
| 封面設計 | 陳文德 |

| | |
|---|---|
| 出版者 | 聯經出版事業股份有限公司 |
| 地址 | 新北市汐止區大同路一段369號1樓 |
| 叢書主編電話 | (02)86925588轉5316 |
| 台北聯經書房 | 台北市新生南路三段94號 |
| 電話 | (02)23620308 |
| 郵政劃撥帳戶第0100559-3號 | |
| 郵撥電話 | (02)23620308 |
| 印刷者 | 文聯彩色製版印刷有限公司 |
| 總經銷 | 聯合發行股份有限公司 |
| 發行所 | 新北市新店區寶橋路235巷6弄6號2樓 |
| 電話 | (02)29178022 |

| | |
|---|---|
| 編務總監 | 陳逸華 |
| 副總經理 | 王聰威 |
| 總經理 | 陳芝宇 |
| 社長 | 羅國俊 |
| 發行人 | 林載爵 |

行政院新聞局出版事業登記證局版臺業字第0130號

本書如有缺頁，破損，倒裝請寄回台北聯經書房更換。　ISBN 978-957-08-7696-3 (平裝)
聯經網址：www.linkingbooks.com.tw
電子信箱：linking@udngroup.com

國家圖書館出版品預行編目資料

練習更快樂：哈佛教授教你活出美好人生的七堂課/
Bruce Hood著．鍾榕芳譯．初版．新北市．聯經．2025年6月．
320面．14.8×21公分（心靈漫步）
譯自：The science of happiness : seven lessons for living well
ISBN 978-957-08-7696-3（平裝）

1.CST：幸福 2.CST：自我實現 3..CST：生活指導

177.2 114006089